花飾りで毎日を彩る
つまみ細工の小物づくり
藤川しおり

はじめに

ぼんやりと見上げた空にかかっていた七色の虹。
オレンジ色に染まっていく夕暮れの風景。
高層ビルに反射した光の煌き。

日常生活の中でふと出会った光景にインスピレーションを受け、
私はいつも、わくわくした気持ちを抱え、染色し、作品をつくります。

頭に描いたイメージが現実のものとなったとき、
とても嬉しい気持ちになります。
本書を手に取ってくださった読者の皆さまにも
作品ができあがったときの喜びを、ぜひ感じていただければと思います。

つまみ細工は小さなスペースで制作できるとても楽しい手工芸のひとつ。
本書では1輪のお花からお部屋をかわいく飾るリースや、
特別な日を彩るカチューシャやかんざしまで紹介しています。

ゆったりとした気持ちで、楽しく制作いただければ
きっとお気に入りの作品ができあがると思います。
本書が読者の皆さまの楽しい時間を過ごす
おともとなることができれば、とても嬉しく思います。

藤川 しおり

Contents

ページの見かた　作品写真 | How to make

はじめに　　　　　　　　page 2

chapter 1
きほんでつくる つまみの花々

- ① 丸つまみの花　　page 6 | 52
- ② 剣つまみの花　　page 7 | 57

色とりどりの四季をつまむ

- ③ さくら　　　　　page 8 | 62
- ④ 藤　　　　　　　page 9 | 63
- ⑤ 乙女つばき　　　page 9 | 64
- ⑥ あじさい　　　　page 10 | 65
- ⑦ 金糸梅　　　　　page 10 | 66
- ⑧ ひまわり　　　　page 11 | 67
- ⑨ もみじ　　　　　page 12 | 68
- ⑩ 百日草　　　　　page 12 | 69
- ⑪ ばら　　　　　　page 13 | 70
- ⑫ 寒つばき　　　　page 14 | 71
- ⑬ 梅　　　　　　　page 15 | 72
- ⑭ すいせん　　　　page 15 | 73

chapter 2
つまみ細工でつくる かわいいアクセサリーと雑貨

- ⑮ 一輪クリップピン　　　　page 16 | 82
- ⑯ ピンクの花のUピン　　　page 17 | 83
- ⑰ 小花のヘアゴム　　　　　page 18 | 84
- ⑱ 六角花のハットピン　　　page 19 | 85
- ⑲ こでまりのブローチ　　　page 20 | 86
- ⑳ パンジーのブローチ　　　page 21 | 87
- ㉑ 乙女つばきのロゼット　　page 22 | 87
- ㉒ 青い花のコームとヘアピン　page 23 | 74
- ㉓ 黄色い花の
　　ネックレスとイヤリング　page 24 | 88
- ㉔ あじさいのリース　　　　page 25 | 90
- ㉕ 2段花の帯留め　　　　　page 26 | 92
- ㉖ あせびと寒菊のコーム　　page 27 | 93

chapter 3
大切な人へ つまみ細工の贈りもの

特別な日が華やぐ贈りもの
㉗ 半球花かんざし　　　　　　　page 28 | 76
㉘ さくらの花かんざし　　　　　page 29 | 94
㉙ 七五三かんざしと飾りピン　　page 30 | 78
㉚ 成人式の花かんざしと飾りピン　page 32 | 96
㉛ ぽち袋飾り　　　　　　　　　page 34 | 100
㉜ ご祝儀袋飾り　　　　　　　　page 35 | 102

花嫁になるあの子へ贈る
㉝ 婚礼白かんざし　　　　　　　page 36 | 104
㉞ 青い花飾り　　　　　　　　　page 37 | 110
㉟ ウェディングカチューシャと
　　イヤリング　　　　　　　　page 38 | 106
㊱ ウェディングコサージュ　　　page 39 | 108

How to make
つまみ細工のおもな材料と道具　　page 42

step 1　つまみ細工をはじめる準備
布の切りかた／のり板の用意　　page 44
丸土台をつくる　　　　　　　　page 45
葉土台をつくる／菱形土台をつくる　page 46
蝶土台をつくる／半月土台をつくる　page 47
小半球土台をつくる　　　　　　page 48
大半球土台をつくる　　　　　　page 49
リース土台をつくる　　　　　　page 50
コサージュ土台をつくる　　　　page 51

step 2　花をつくる
丸つまみの花　　　　　　　　　page 52
2枚丸つまみ／へこみつまみ　　page 54
扇つまみ／変形扇つまみ　　　　page 55
ハートつまみ／とんがりつまみ　page 56
剣つまみの花　　　　　　　　　page 57
2枚剣つまみ／ダイヤつまみ　　page 58
葉つまみ／変形葉つまみ　　　　page 59
ギャザーつまみ　　　　　　　　page 60
ばらつまみ　　　　　　　　　　page 61

step 3　つまみ細工を小物に仕立てる
コームの組み上げかた　　　　　page 74
ヘアピンの仕立てかた　　　　　page 75
半球かんざしの組み上げかた　　page 76
かんざしの組み上げかた　　　　page 78

mini column
布を染めてみましょう　　　　　page 40
ワイヤーの曲げかたについて　　page 50
2枚剣つまみでつくる葉　　　　page 61
染色の掛け合せ例　　　　　　　page 73

chapter 1
きほんでつくる つまみの花々

正方形の布をつまんでつくる花びら。
ならべ方や重ね方を変えるだけで
種々のかわいい花たちができあがります。

Basic

丸つまみの花
how to make p.52
きほんの丸つまみでつくる花。6枚の花弁は均等に配置しやすいので、はじめての方はこの花からスタートしましょう。

② 剣つまみの花
how to make p.57

きほんの剣つまみでつくる花は、丸つまみの花にくらべ、凛とした佇まいの花に仕上がります。

色とりどりの四季をつまむ

可憐なつまみの花びらを
季節の花たちに仕立ててみましょう。

Spring

 3
さくら
how to make p.62
ふっくらとした花びらにはまるで春の喜びがつまっているかのよう。淡く繊細な桃色の上に黄色の花芯がとても映えます。

4
藤
how to make p.63
つまみ細工のかんざしにとてもよく用いられる「さがり」のつくりを応用しました。ゆらゆらと揺れるさまは藤の花そのもの。

5
乙女つばき
how to make p.64
丸つまみを幾重にも重ねることで花の愛らしさを表現した、「乙女つばき」。用いる布によって、印象もさまざま。

Summer

⑥ あじさい
how to make p.65
小さな花がたくさん寄り添うあじさい。それぞれの花の色を変えて配置するだけで、花の存在感がより引き立ちます。

⑦ 金糸梅
how to make p.66
梅と同じ5枚花弁の金糸梅は、フローラルテープで巻いたワイヤーとペップでつくる花芯がポイントです。

8 ひまわり
how to make p.67

夏を代表する花のひとつ。種類の異なる毛糸を用いてつくる花芯は、花をより立体的に見せてくれます。

Autumn

9 もみじ
how to make p.68
秋の訪れを知らせるもみじ。葉の上にパールやラインストーンをあしらうことで、花にも負けない華やかな印象に。

10 百日草
how to make p.69
黄色い花弁は扇つまみで仕立てました。布をふっくらとつまむことで、花の表情がよりやさしく仕上がります。

 ばら
how to make p.70
幾重にも折り重なる花弁は、外側から中心に向かって濃い色を重ねていくことで、単色のばらとは違った繊細な雰囲気に。

Winter

寒つばき
how to make p.71

ギャザーつまみでつくる大輪の寒つばき。
存在感のある佇まいは、ブローチやピン
に仕立てても素敵です。

 梅
how to make p.72
きほんの丸つまみの花にも似た形は、花芯の飾り方を工夫するだけで、梅の趣きがより引き立ちます。

 すいせん
how to make p.73
凛と咲きほこる様子を、ダイヤつまみの花弁と変形葉つまみの葉を用いて、美しく表現しました。

chapter 2
つまみ細工でつくる かわいいアクセサリーと雑貨

つまみ細工の花が持つやさしいぬくもりと美しさ。
小物に仕立てて、いつもあなたのそばに。

15
一輪クリップピン
how to make p.82
クリップピンに仕立てた一輪の花は、ヘアアクセサリーやワンポイントブローチなど、幅広い使い方で楽しめます。

16 ピンクの花のUピン
how to make　p.83

ロマンチックな雰囲気の漂うUピン。2段の花も葉もすべて丸つまみでできているので、初心者さんにおすすめです。

小花のヘアゴム
how to make p.84

つまみ細工を気軽に取り入れたいなら、丸つまみの花をふだん使いのヘアゴム飾りに仕立ててみるのもいいでしょう。

18 六角花のハットピン
how to make p.85

六角形の花の形が洗練された雰囲気を漂わせるハットピン。帽子はもちろん、バッグや襟元を飾るワンポイントとしても◎。

19 こでまりのブローチ
how to make p.86

花々が重なりあうこでまりのブローチは、
小さな小さなブーケのようなかわいらしさ
が魅力。

20 パンジーのブローチ
how to make p.87
乙女ごころをくすぐる小さなパンジーのブローチ。花の形にこだわり、数種類のつまみ方を組み合わせました。

21 乙女つばきのロゼット
how to make p.87

形のかわいらしさに惹かれて、何個でも着けたい気分になる乙女つばきのロゼット。シンプルな服に似合います。

22 青い花のコームとヘアピン
how to make p.74

変形扇つまみのお花でつくるヘアピンとコームのセット。そよ風のようなやさしい青を基調とし、甘すぎない印象に仕上げました。

23 黄色い花のネックレスとイヤリング
how to make p.88

パールや透かしパーツなど、アンティークアクセサリーのような、細やかなディテールをイメージして仕立てました。

あじさいのリース
how to make p.90

みずみずしいあじさいの花のリースは、お部屋のなかをやさしくやわらかな雰囲気に演出してくれます。

2段花の帯留め
how to make p.92

和装のお出かけには2段花の帯留めを。大人っぽい印象を目指すなら、花の色をシックな色に変えてみても素敵。

26
あせびと寒菊のコーム
how to make p.93

揺れるあせびと寒菊の組み合わせがとても華やかな和装向けのコーム。シンプルなまとめ髪にさすだけでもさまになります。

chapter 3
大切な人へ
つまみ細工の贈りもの

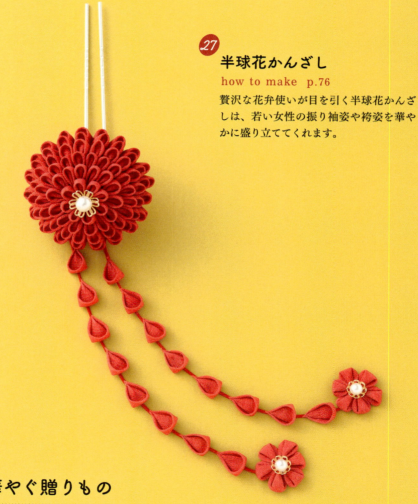

27 半球花かんざし
how to make p.76
贅沢な花弁使いが目を引く半球花かんざしは、若い女性の振り袖姿や袴姿を華やかに盛り立ててくれます。

特別な日が華やぐ贈りもの

家族や友人の晴れの日に
よろこびとお祝いの言葉を添えて
つまみ細工を贈りましょう。

さくらの花かんざし
how to make p.94
一歩先の季節を取り入れた装いが美しいとされる和装の世界。卒業式を和装で迎える人に、さくらのかんざしでお祝いを。

七五三かんざしと飾りピン
how to make p.78
七五三祝いのかんざしのセット。子どもは髪が細いため、パッチピン仕立てにしてあげるのがいいでしょう。

㉚ 成人式の花かんざしと飾りピン
how to make p.96

人生の門出にふさわしい、華やかな花かんざしのセット。ゆれるピンク色のさがりがなんとも愛らしい印象。

㉛ ぽち袋飾り
how to make p.100

つまみ細工で飾ったぽち袋は、おめでたさがより感じられること間違いなし。ほっこりかわいい亀さんがいちおしです。

㉜ ご祝儀袋飾り
how to make p.102

鶴、松、梅を組み合わせた豪華なご祝儀
袋飾りは、コサージュ土台を用いてそれ
ぞれのモチーフを組み上げました。

花嫁になるあの子へ贈る

おめでたい喜びと末永い幸せを
つまみ細工にこめて。

 婚礼白かんざし
how to make　p.104

花嫁の婚礼かんざしです。洋髪の白無垢姿によく似合う優美なデザインは、女性の美しさを最大限に引き出してくれます。

34 青い花飾り
how to make p.110

花嫁の幸せのおまじないになぞらえてつくる青い花飾りは、新郎新婦のテーブルを彩る飾りとしてもおすすめ。

㉟ **ウェディングカチューシャとイヤリング**
how to make p.106
つまみ細工の花を散りばめたウェディングカチューシャとおそろいのイヤリングでロマンティックな花嫁の演出を。

㊱ **ウェディングコサージュ**
how to make p.108
ウェディングカチューシャとおそろいの花をあしらったコサージュは、花婿の胸元につけてペアコーディネートに。

布を染めてみましょう

本書のつまみ細工で使用している羽二重（絹）は、染料を使って染めたものがほとんどです。「染色」と聞くと、とても難しく手間がかかるように感じてしまうかもしれませんが、そんなことはありません。つまみ細工になれてきたら、自分の好みの色に染めた布を使って挑戦してみるのもいいでしょう。

【用意するもの】
○ 染料
○ 鍋
○ 泡だて器
○ 菜箸
○ ビニール手袋
○ 布

※染料の説明書に上記以外の道具や材料の記載があればそれも用意しましょう。

布を染める染料は手芸店やホームセンターなどで購入することができます。染料を購入する前に、自分の染めたい布の素材（本書では絹）がその染料に適しているかどうかを確認しましょう。

布は適度な大きさにカットし、ぬるま湯でやさしくすすいで布についているのりや汚れを落とします。染色液につける際は、濡れたままでOK。

1 染料液をつくる

まず、染料のパッケージや説明書に書いてあるお湯の温度と量、染料の量を確認します。染めたい分量に適した量をはかって鍋に入れ、泡だて器でよく混ぜます。

2 染色液に布をつける

染料がお湯になじんだら布をいれます。菜箸を使って染料液に布をなじませ、規定の時間つけ置きします。布全体がしっかりとつかるように入れましょう。

3 布を洗って乾かす

つけ置きが終わったら、染色液を捨て、ビニール手袋をした手で布を洗います。余分な染料が落ちて水が透明になったら、陰干しして乾かします。

【使用するときは】
布にアイロンをかけて、シワを伸ばしましょう。また、剣つまみや葉つまみなどをつくる布はのりがきいている方がつくりやすいため、のりづけしてもいいでしょう。その場合、洗濯のりは液体タイプとスプレータイプのどちらを使ってもかまいません。

How to make

この本で紹介したつまみ細工のつくりかたを紹介します。一見大変そうに見える作品も、きほんの手順はとても簡単。まずは一輪の花から挑戦してみましょう。

【つまみ細工のきほん手順】

1 土台をつくる（⇒ p.45）
つまみの花弁を配置するための「土台」をつくります。土台にはいくつか種類があります。

2 布をつまむ（⇒ p.52）
ピンセットを使って布をつまみ「花弁」をつくります。つまんだ花弁はのり板の上に置いて形を整えましょう。

3 花弁を配置する（⇒ p.62）
土台の上に花弁を置いて花をつくります。花の形ができたら、中央に花芯を飾ってできあがり。

【作品をつくる前に】

● つまみ細工に使用する布について
材料に表記されている布の種類は実際に p.6〜39 で使用しているものを表記しています。羽二重と一越ちりめん絹については著者が個人で染めているものが多いため、生地の色については特に表記をしていません。

● 土台に使う台紙について
本書の土台に使用する台紙は、女性が簡単に切ることのできる画用紙（もしくは色画用紙）を使うことを前提に、材料の必要枚数を表記しています。

● 道具・材料について
本書のつくりかたページでは、ピンセット、のり板、でんぷんのり、ボンドなどの表記を省略しています。

【本書での花弁の名称】

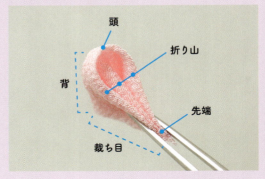

つまみ細工の
おもな材料と道具

A　羽二重／絹
主に10～14匁を染色して使用していますが、一部4匁を使った作品もあります。本書では染色したものを使います。

B　一越ちりめん／絹
細かいしぼがあり、淡い光沢感をもつ。レーヨンの一越ちりめんで代用可能。

C　一越ちりめん／レーヨン
細かいしぼがあり、花弁や土台布に使用。つまみやすく、初心者におすすめ。

D　ペップ
造花用の花芯。色や形の種類が多いので花によって使い分けましょう。

E　唐打ひも
花弁をつけてさがりをつくります。リリアンでの代用も可。

F　アクセサリー金具
つまみの花と組み合わせてアクセサリーに仕立てます。

G　地巻きワイヤー
本書では主に白色や緑色の22番や24番を使用。土台やくまでなどに使います。

H　花芯用パーツ
スワロフスキー、パールビーズ、チェコビーズなど種類豊富。

I　糸（ポリエステル）
ワイヤー同士を束ねるときに使います。作品で色を使い分けて。

J　スチロール球
半分に切ったものを半球土台として使います。

K　フローラルテープ
リース土台をつくるときやUピンにワイヤーを固定するときに使います。

L　ナイロンコートワイヤー
パールやビーズを通してネックレスをつくります。

M　アクリル絵の具
花芯用のペップや葉土台の台紙を塗るときに使います。

N　台紙
画用紙。土台の形に切ったものをボンドで貼り合わせて使います。

7 カッター
スチロール球を切るときに使います。

8 平ペンチ
ワイヤーつき土台のワイヤーを曲げるとき、丸カンの開閉などに使います。

9 丸ペンチ
さがりにつけるTピンを丸めるときなどに使います。

10 目打ち
ワイヤーつき土台の台紙中央に穴をあけるときに使います。

11 はさみ
台紙や糸を切る場合に使います。

12 のり板
のりを伸ばしておくための板。プラスチック製でも代用可能。

13 でんぷんのり
つまみの形を保ち、接着するために使います。文具店やホームセンターで購入できます。

14 へら
のりをなじませたり、平らに伸ばしたりするときに使います。

15 洗濯ばさみ
ボンドで貼り合わせた土台を固定するときに使います。

16 筆
花芯や台紙を絵の具で塗るときに。細筆が1本あればじゅうぶん。

17 ピンセット
布をつまみます。長さや重さで持ちやすさが異なるため、手になじむものを。

18 多用途ボンド
金具を土台に貼りつけるための接着剤。金属対応のものを選んで。

19 ボンド
土台、布、花芯などを貼るときに。速乾タイプがおすすめです。

20 つまようじ
台紙や布にボンドを塗るとき、手を汚さないために使います。

1 メジャー
半球土台の中心をはかるときに使います。

2 ものさし（20cm）
ワイヤーを曲げる位置や細かい部分をはかるときに。

3 定規
布を裁断するときに使用します。幅が広く、定規を押さえた時に指が出ないものが◎。

4 カッティングマット
裁断や目打ちの下敷きに。または、さがりづくりの土台（⇒ P.63）として。

5 テンプレート定規
丸い台紙の線を引くときに。1mm刻みで円が描けるものがよい。

6 ローラーカッター
布の裁断に使います。真っ直ぐに切ることができて便利です。

43

step 1
つまみ細工をはじめる準備

道具や材料をそろえたら、次は材料の下ごしらえや土台の準備にとりかかりましょう！ つくる作品によって土台の形も異なります。

布の切りかた

つまみ細工に使いたい布を正方形に切り分け、必要枚数を用意しましょう。

[材料と道具を用意する]

1

布、カッティングマット、ローラーカッター、定規を用意する。

[布を置く]

2

カッティングマットの方眼の目に布端をそろえて置く。

[布を切る]

3

切りたい位置に定規を置く。カッターの刃を定規に沿わせるようにし、手前から奥へと縦に切り進める。

4

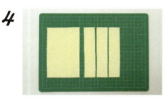

短冊状に切ったところ。

[布の向きを変えて切る]

5

布の向きを横にし、**3**同様に手前から奥に向かってカッターを押し出し、布を切る。

6

均一な正方形に切れたらOK。必要枚数より多く切れた場合は、シワにならないよう、ケースに入れてストックしておくとよい。

のり板の用意

でんぷんのりは空気に触れると固まりやすいため、布をつまむ直前に用意しましょう。

[材料と道具を用意する]

1

でんぷんのり、のり板、へらを用意する。

[のりを練る]

2

のり板にでんぷんのりを出し、へらを使ってのりを左右に練る。のりが硬くなっている場合は霧吹きで少し水分をたすとよい。

[のりを伸ばす]

3

均一な滑らかさになったら、へらで2～3㎜の厚さに伸ばす。使用中にのりが固くなってきたら、処分して新しく用意する。

44

丸土台（ワイヤーつき）をつくる

つまみ細工で花をつくる場合、丸土台が1番よく使われる基本の土台です。

[材料を用意する]

1
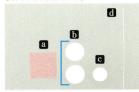
a 台紙布1枚、**b** 台紙下2枚、**c** 台紙上1枚、**d** 24番ワイヤー1本を用意する。※ワイヤーなしの場合、**d** は不要

[台紙下を布に貼る]

2

台紙下2枚を貼り合わせ、さらに片面にボンドを塗る。

3

2を台紙布の中央に貼り、さらにもう一方の台紙面にボンドを塗る。

4

台紙布の四隅を折って、台紙下に貼る。

5

布の余った部分も折って、台紙下に貼る。

[台紙に穴をあける]

6

台紙をカッティングマットにのせ、目打ちで中心に穴をあける。

[ワイヤーを曲げる]

7
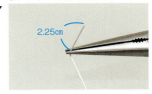
ワイヤーは先端から2.25cmの位置をL字に曲げる。

8

ワイヤーの先端をL字に折り曲げた位置から、2.5㎜→2.5㎜→5㎜→5㎜→5㎜→2.5㎜の順に折る。（⇒p.50）

[ワイヤーを通す]

9

台紙布を折った面を上にし、目打ちであけた穴にワイヤーを通す。

[台紙上を貼る]

10

ワイヤーを通したら、その上にボンドを塗った台紙上を貼り合わせる。

[接着面を固定する]

11

洗濯バサミで**10**を固定し、ボンドが乾くまで置く。

[できあがり]

12

ボンドが乾いたらできあがり。※ワイヤーなしの場合は、**6**～**9**の手順をはぶく。

葉土台(ワイヤーつき)をつくる

葉の土台。本書では藤(p.9)、あじさいのリース(p.25)などの葉の土台として使われています。

[材料を用意する]

1

ⓐ台紙下 4枚、ⓑ台紙上 2枚、ⓒ24番ワイヤー1本、ⓓアクリル絵の具を用意する。※ワイヤーなしの場合、ⓒは不要

[台紙下をつくる]

2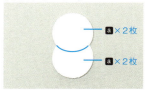

まず、台紙下2枚を写真のように重なり気味に貼ったものを2組つくり、さらにそれらを貼り合わせる。

[台紙上を貼る]

3

2の中央にワイヤーをのせ、その上からボンドを塗った台紙上を貼る。

4

2に台紙上2枚を貼ったら、ボンドが乾くまで置く。

[絵の具を塗る]

5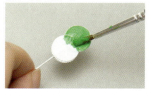

台紙下の面に絵の具を塗る。色は葉に近い色を選ぶとよい。

[できあがり]

6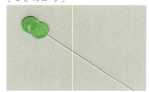

絵の具が乾いたらできあがり。絵の具がない場合は、台紙下を色画用紙でつくってもよい。

菱形土台(ワイヤーつき)をつくる

上記の葉土台同様、主に葉をのせる土台です。本書ではばらの葉(p.13)やピンクの花のUピンの葉(p.17)などに使われています。

[材料を用意する]

1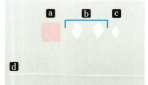

ⓐ台紙布 1枚、ⓑ台紙下 2枚、ⓒ台紙上 1枚、ⓓ24番ワイヤー1本を用意する。※ワイヤーなしの場合、ⓓは不要

[台紙下を布に貼る]

2

台紙下2枚を貼り合わせ、さらに片面にボンドを塗って台紙布の中央に貼る。

3

台紙下側にボンドを塗り、余分な布を折って台紙下に貼る。

4

台紙の中央に目打ちで穴をあけ、先端から2.25cmを四角に折り曲げたワイヤー(⇒p.50)を通す。

[台紙上を貼る]

5

ワイヤーを通したら、その上にボンドを塗った台紙上を貼り合わせる。

[できあがり]

6

ボンドが乾いたらできあがり。※ワイヤーなしの場合は、4の手順をはぶく。

蝶土台（ワイヤーつき）をつくる

七五三かんざし(p.30)の蝶をつくるための土台です。

[材料を用意する]

1

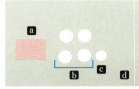

ⓐ台紙布1枚、ⓑ台紙下 4枚、ⓒ台紙上 1枚、ⓓ24番ワイヤー1本を用意する。

[台紙下を台紙布に貼る]

2

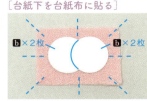

まず、写真のように4枚重ねて貼り合わせた台紙下を、台紙布の中央に貼り、台紙布の点線部分に切り込みを入れる。

3

台紙下の縁にボンドを塗り、余分な布を折って台紙下に貼る。

[台紙に穴をあける]

4

台紙をカッティングマットにのせ、目打ちで中心に穴をあける。

[ワイヤーを通す]

5

先端を四角に折り曲げたワイヤー（⇒p.50）を通す。

[できあがり]

6

ワイヤーを通したら、その上にボンドを塗った台紙上を貼り合わせる。ボンドが乾いたらできあがり。

半月土台（ワイヤーつき）をつくる

本書ではご祝儀袋飾りの鶴と松(p.35)や婚礼白かんざし(p.36)の土台として使用しています。

[材料を用意する]

1

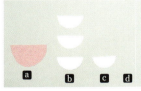

ⓐ台紙布1枚、ⓑ台紙下 3枚重ね、ⓒ台紙上 1枚、ⓓ24番ワイヤー1本を用意する。※ワイヤーなしの場合、ⓓは不要

[台紙下を台紙布に貼る]

2

まず、写真のように3枚重ねて貼り合わせた台紙下を、台紙布の中央に貼る。

[切り込みを入れる]

3

写真の点線部分のように、半月のカーブに切り込みを入れる。

4

台紙下の縁にボンドを塗り、余分な布を折って台紙下に貼る。

[ワイヤーを通す]

5

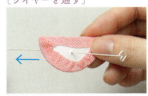

台紙の中央に目打ちで穴をあけ、先端から2.25cmを四角に折り曲げたワイヤー（⇒p.50）を通す。

[できあがり]

6

ワイヤーを通したら、その上にボンドを塗った台紙上を貼り合わせる。ボンドが乾いたらできあがり。

小半球土台(ワイヤーつき)をつくる

半球に花弁を配置することで、立体感のあるお花がつくれます。こでまりのブローチ(p.20)やあせびと寒菊のコーム(p.27)などに使用します。

1 [材料を用意する]

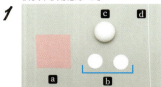

a 台紙布1枚、b 台紙2枚、c スチロール球1個、d 24番ワイヤー1本を用意する。※ワイヤーなしの場合、d は不要

2 [スチロール球を切る]

スチロール球を半分に切る。

3 [ワイヤーを曲げる]

ワイヤーは先端から2.25cmの位置をL字に曲げる。

4

ワイヤーの先端をL字に折り曲げた位置から2.5㎜→2.5㎜→5㎜→5㎜→5㎜→2.5㎜の順に折る。(⇒p.50)

5 [台紙にワイヤーを通す]

台紙2枚を貼り合わせる。中心に目打ちで穴をあけ、**4**を通す。

6 [台紙布を貼る]

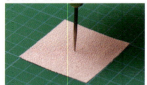

目打ちで台紙布の中心に穴をあける。

7

ワイヤーに**6**を通したら、台紙の下面にボンドを塗り、貼り合わせる。

8 [スチロール球を貼る]

台紙にボンドを塗る。

9

スチロール球の平面にもボンドを塗り、**8**と貼り合わせる。

10

球面全体にボンドを塗る。

11

半球を包み込むように、布を引っ張りながら球面に貼りつける。すき間が見える部分は、指で布をおさえて接着する。

12 [できあがり]

余分な布はハサミでていねいに切りとり、ボンドが乾いたらできあがり。※ワイヤーなしの場合は、**3**~**7**の手順ははぶく。

大半球土台（ワイヤーつき）をつくる

小半球土台に比べ大ぶりなサイズの土台です。半球花かんざし（p.28）の土台として使用します。

[材料を用意する]

1

ⓐ台紙布1枚、ⓑ台紙下2枚、ⓒ台紙上1枚、ⓓスチロール球1個、ⓔ22番ワイヤー3本を用意する。

[ワイヤーを曲げる]

2

ワイヤーは先端から2cmの位置を、ペンチを使ってL字に曲げる。残り2本も同様に曲げる。

[ワイヤーを通す]

3

台紙下2枚を貼り合わせ、中央に目打ちで穴をあける。*2*の3本を1束にまとめ、台紙下の穴に通す。

[台紙上を貼る]

4

ワイヤーを通したら、その上にボンドを塗った台紙上を貼り合わせる。

5

台紙から出ているワイヤーの先端をL字に曲げ、台紙とワイヤーそれぞれにボンドを塗る。

6

半分に切ったスチロール球の平面中央に、*5*のワイヤーを刺し、台紙を貼りつける。

[台紙布を貼る]

7

スチロール球の平面と台紙にボンドを塗る。中心に穴をあけた台紙布をワイヤーに通し、スチロール球と貼り合わせる。

8

球面全体にボンドを塗る。

9

半球を包み込むように、布を引っ張りながら球面に貼りつける。

10

すき間が見える部分は、指で布をおさえて接着する。

11

余分な布はハサミでていねいに切りとる。

[できあがり]

12

ボンドが乾いたらできあがり。

リース土台をつくる

ワイヤーとフローラルテープでつくるリース用の土台です。あじさいのリース（p.25）の土台として使用します。

[材料を用意する]

1
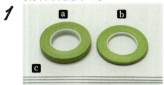
ⓐフローラルテープ太幅、ⓑフローラルテープ細幅、ⓒ18番ワイヤー3本を用意する。

[ワイヤーを束ねる]

2

ワイヤー2本を束ねる。全体の長さを3等分し、真ん中の3分の1の部分のみ太幅のフローラルテープを巻きつける。

3

フローラルテープを巻きつけたところ。

4

直径1.5cmほどの細い筒状のものに、ワイヤーのフローラルテープ部分を1回転分巻きつけ小さい輪をつくる。

5

小さい輪をつくったところ。

6

5のワイヤー同士が重なる部分に細幅のフローラルテープを巻きつけ、輪を固定する。

7

6にカーブをつける。残りのワイヤー1本は半分に切って2本にし、それを1つに束ねる。

8

それぞれのワイヤーの端を重ね、太幅のフローラルテープで巻きながら輪にする。

[できあがり]

9

直径14cmの輪になるよう、ワイヤーの長さを調節しながら、太幅のフローラルテープで巻きとめてできあがり。

● コラム [ワイヤーの曲げかたについて]

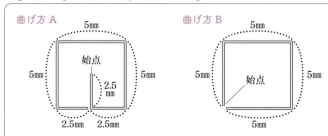

本書のワイヤーつき土台で使用するワイヤーの曲げかたは、「曲げ方A」を推奨しています。これはワイヤーの端から2.25cmを直角に折り、2.5mm、2.5mm、5mm、5mm、5mm、2.5mmと折る方法です。この曲げかたはワイヤーと台紙をしっかりと接着することができます。もし、細かい作業が苦手な方は「曲げ方B」の5mm、5mm、5mm、5mmの順に折る方法でもOKです。

コサージュ土台をつくる

複数のワイヤーつき土台を1つにまとめて組んでから台紙をつけます。
ご祝儀袋飾り（⇒p.35）やウェディングコサージュ（⇒p.39）の土台として使用します。

［材料を用意する］

1

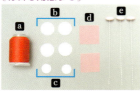

a糸（ポリエステル）、**b**台紙下4枚、**c**台紙上2枚、**d**台紙布2枚、**e**丸土台（ワイヤーつき）3本（⇒p.45）を用意する。

［台紙をつくる］

2

まず、台紙下2枚を貼り合わせたものに台紙布を貼り、台紙下が見える面に台紙上を貼りつける。これを2つつくる。

［丸土台を組む］

3

丸土台のワイヤーはすべて土台下から2.5cmの位置にペンチで角度をつける。

4

角度をつけた部分を重ね、ワイヤー同士を束ねる。

5

ワイヤーの間に糸を渡す

角度のついたワイヤー部分にボンドを少し塗り、糸を20回巻いたら、ワイヤーとワイヤーの間に糸を渡して、さらに10回巻きつける。

6

巻き終わりは、ワイヤーにボンドを塗り、10回巻いてから糸を切る。

［台紙に通す］

7

2の台紙の中心に目打ちで穴をあけ、そこへ**6**のワイヤーを通す。

8

糸が巻かれた部分までワイヤーを通したら、台紙に沿ってワイヤーを折る。

9

ワイヤーを写真のようにカーブをつけて曲げたら、台紙全体にボンドを塗る。

［台紙を貼り合わせる］

10

9に残りの台紙を貼り合わせ、ボンドが乾くまでしっかりと固定する。

［できあがり］

11

ボンドが乾いたらできあがり。

51

step 2
花をつくる

材料や土台の準備が整ったら、実際に布をつまんで花をつくってみましょう。つまみかたや花弁の配置のしかたで、バリエーションに富んだ花々をつくることができます。

 photo p.6
丸つまみの花
仕上がりサイズ　直径3.2cm

【材料】
○ 布（一越ちりめん／レーヨン）
　a 3cm角 — 6枚
○ 台紙
　b 台紙布 — 3cm角 1枚
　c 台紙下 — 直径1.9cm 2枚
　d 台紙上 — 直径1.5cm 1枚
○ 花芯
　e 座金 — 1個
　f パールビーズ — 8mm 1個

[材料を用意する]

1
丸つまみの花の材料を用意します。丸土台（⇒p.45）は布をつまむ前につくっておきましょう。

[丸つまみをつくる]

2
布を写真のように手にとり、★の角をピンセットでつまみ、手前にたおして三角に折る。

3
三角に折ったところ。★と下の角がきれいに重なるようそろえる。

4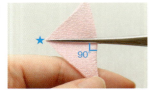
布の向きを90°回転させ、布の中央をピンセットではさむ。このとき、折り目とピンセットの角度が直角になっていることを確認する。

5
ピンセットを手前に倒し、さらに三角に折る。

6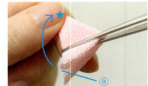
親指で★部分をおさえる。手前の布の中央をピンセットではさみなおし、ⓐが★に合わさるよう折り返す。

7
ⓐを折り返してつまんだところ。

8
同様にもう片方の布も中央をピンセットではさんで折り返す。

9
ⓐとⓑを★部分に合わせてつまんだところ。

10

ピンセットで頭の中央をはさみ、手前に向って返す。

11

頭を手前に返したところ。

12

指でつまんでいた部分をピンセットではさみなおす。これが基本の丸つまみとなる。

13 ［のり板に置く］

花弁の裁ち目を下にしてのり板（⇒p.44）の上に置く。

14

残りの布も同様につまんで花弁をつくり、裁ち目にしっかりとのりがつくようにのり板の上に並べ、形を整える。

15 ［土台に花弁を配置する］

花をつくる。丸土台の中央に花弁を1枚配置する。

16
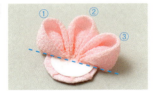
15から時計周りに、花弁を配置する。このとき丸土台の半分に3枚の花弁がおさまるようにする。

17 ［花弁を調整する］

花弁と花弁の間にすきまがある場合は、隣り合った花弁同士をピンセットではさみ、すき間をつぶす。

18

花弁のうしろにあるくぼみにピンセットを差し入れ、両側に開いて花弁の幅を広げる。

19

17～18の手順で花弁の位置や大きさを均等に整える。

20 ［花芯を飾る］

座金の縁をペンチで開いたら、裏にボンドをつけて花の中心に置く。その上にボンドをつけたパールを置く。

21 ［できあがり］

花芯のボンドが乾いたらできあがり。

2枚丸つまみ

三角に折った2枚の布を重ねてつまみます。
2枚の布の色合せを楽しみながらつまんでみましょう。

1
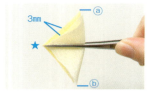

対角線で三角に折った布2枚を3mmずらして重ね、中央をピンセットではさむ。

2

ピンセットを手前に倒し、さらに三角に折る。

3

丸つまみ同様に、ⓐとⓑが★の位置で合わさるように折り返し、指でつまむ。

4

ピンセットで頭の中央をつまみ、手前に向って返す。

5

頭を返したところ。

6

のり板の上に置き、形を整えたらできあがり。

へこみつまみ

丸つまみの頭をへこませてつくるのが特徴です。
本書ではさくら(⇒p.8)をつくるときに用います。

1

丸つまみ(⇒p.52)をつくる。

2

頭の中央にボンドを塗る。

3

ボンドを塗った頭の位置にピンセットをあてる。

4

ピンセットで頭を中に押し込み、Vの字にする。

5

Vになった部分をピンセットではさみ、ボンドが乾くのを待つ。

6

ボンドが乾いてVの字の形がついたら、のり板に置いてできあがり。

扇つまみ

丸つまみの裁ち目を折りたたみ、頭の部分を裏に返してふっくらと立体感のある花弁をつくります。

1

丸つまみ（⇒p.52）をつくる。

2

つまみの先端の内側にボンドを塗り、接着する。

3

裁ち目の内側にボンドを塗り、接着する。

4

裁ち目の端をピンセットではさみ、中央に向って折り返す。

5

もう片方の裁ち目も同様に折り返す。

6

4をひっくり返しして、先端を指でつまむ。

7

頭にピンセットを差し入れ、布をつまんで表に返す。

8

もう片側も同様に布をつまんで表に返す。

9

左が布を返す前の状態のもの、右ができあがり。

変形扇つまみ

扇つまみと手順は同じですが、裁ち目を重ねるように折りたたむため、やや細めの形に仕上がります。

1

扇つまみの手順同様に先端と裁ち目の内側を接着したら、裁ち目の端をピンセットではさみ、中央に向って折り返す。

2

扇つまみよりも端と端が重なるくらい、深く折るのがポイント。

3

左が布を返す前の状態のもの、右ができあがり。扇つまみに比べてやや細めの花弁に仕上がります。

ハートつまみ

つまみかたは扇つまみに似ていますが、頭の部分を返しません。
本書ではパンジーのブローチ（⇒ p.21）や七五三かんざし（⇒ p.30）に登場します。

1

丸つまみ（⇒ p.52）をつくる。

2

つまみ先端の内側と裁ち目の内側にボンドを塗り、接着する。

3

裁ち目の外側にもボンドを塗る。

4

ピンセットで端をつまんだら中央に向って折り返し、接着する。

5

もう片方の端も同様に、中央に向って折り返して接着してできあがり。

● ポイント

花弁をふたつ並べるとハートの形になるため、「ハートつまみ」という名前がつきました。

とんがりつまみ

丸つまみの頭をとがらせるとんがりつまみは、六角花のハットピン（⇒ p.19）のように他のつまみと組み合わせても素敵です。

1

丸つまみ（⇒ p.52）をつくる。

2

頭の内側にボンドを塗る。

3

ボンドを塗った位置の両側からピンセットあてる。

4

ピンセットで頭をつまみ、ボンドを塗った部分を接着する。

5

ボンドが乾いたら、のり板に置いてできあがり。

● ポイント
とんがりつまみはしっかりと花弁の頭をとがらせてつくるのが美しさのポイント。頭の内側にボンドを塗ったら、ピンセットで10秒ほど押さえましょう。

photo p.7 剣つまみの花

仕上がりサイズ　直径 2.5cm

【材料】
○ 布（一越ちりめん/レーヨン）
　ⓐ 3cm角 — 8枚
○ 台紙
　ⓑ 台紙布 3cm角 — 1枚
　ⓒ 台紙下 直径1.9cm — 2枚
　ⓓ 台紙上 直径1.5cm — 1枚
○ 花芯
　ⓔ スワロフスキー5mm — 1個

［材料を用意する］

1

剣つまみの花の材料を用意します。丸土台（⇒p.45）は布をつまむ前につくっておきましょう。

［剣つまみをつくる］

2

布を写真のように手にとり、★の角をピンセットでつまみ、手前にたおして三角に折る。

3

三角に折ったところ。★と下の角がきれいに重なるようそろえる。

4

布の向きを90°回転させる。布の中央をピンセットではさんだら手前に倒し、三角に折る。

5

4の中央をピンセットではさみ、さらに三角に折る。

6

指で布をしっかりとつまんだ状態で頭の部分をピンセットではさみ、強く引いて頭の部分をとがらせる。

7

つまみの頭がツンととがった状態になればOK。これが基本の剣つまみ。

［のり板に置く］

8

残りの布も同様につまんで花弁をつくり、裁ち目にしっかりとのりがつくようにのり板の上に並べ、形を整える。

［土台に花弁を配置する］

9

花をつくる。まず丸土台を用意し、土台の中央に花弁をのせ、時計回りに配置していく。

［花芯を飾る／できあがり］

10

スワロフスキーの裏にボンドをつけて花の中心に置いたらできあがり。

57

2枚剣つまみ

2枚丸つまみ(⇒ p.54)と同様に、三角に折った2枚の布を重ねてつまむ剣つまみです。

1

対角線で三角に折った布2枚を2mmずらして重ね、中央をピンセットではさむ。

2

ピンセットではさんだ部分を軸にし、両脇から布を寄せる。

● ポイント

2枚剣つまみはそれぞれの布の頂点がそろっていないと美しく仕上がりません。両脇から布を寄せるときは頂点がずれないよう注意しましょう。

3

先端を指でつまむ。

4

のり板の上に置き、形を整えたらできあがり。

ダイヤつまみ

剣つまみを応用してダイヤの形につまみます。本書ではすいせん(⇒ p.15)の花弁として用います。

1

剣つまみ(⇒ p.57)をつくる。

2

つまみの向きを変え、裁ち目側から折り山に向かってピンセットを斜めに差し入れ布をはさむ。

3

ピンセットの向きを倒して布を折り返す。

4

もう片方も同様に布を折り返す。

5

頭を親指と人差し指でつまみ、矢印の方向に頭を引っ張る。

6

のり板の上に置き、形を整えたらできあがり。

葉つまみ

剣つまみでつくるつまみの葉。本書では一輪クリップピン(⇒ p.16)のように、花の花弁としても使われています。

1

剣つまみ(⇒ p.57)をつくる。

2

つまみの先端の内側と裁ち目の内側にボンドを塗り接着する。

3

先端を持ち、先から背の3分の1の位置を目算する。

4

折り山にピンセットを差し入れ、布をはさむ。

5

布をはさんだまま、ピンセットをうしろに倒し、折り山の内側を3分の1の位置まで外に押し出す。

6

できあがり。

変形葉つまみ

葉つまみにくらべ、細長い形に仕上がります。
すいせん(⇒ p.15)の葉、黄色い花のネックレス(⇒ p.24)の花弁などに。

1

剣つまみ(⇒ p.57)をつくる。

2

葉つまみの手順同様に、先端と裁ち目の内側をボンドで接着する。折り山にピンセットを差し入れ、布をはさむ。

3

布をはさんだまま、ピンセットをうしろに倒し、折り山の内側を外に押し出す。

4

表から見える余分な布を切りとる。

5

切りとった布端の部分にボンドを塗り接着する。

6

ボンドが乾いたらできあがり。

ギャザーつまみ

布にギャザーを寄せてつくるつまみ。
針や糸を使わず、ピンセットとボンドでつくることができます。

1

剣つまみ（⇒p.57）の**1**〜**2**の手順で布を三角に折る。

2

ピンセットを4mm下におろした位置から、布を折り返す。

3

折り返した部分がずれないように親指でおさえ、ピンセットを4mm上に移動させる。

4

布をはさんだままピンセットを下に倒し、布を折り返す。

5

ⓐが★から全体の3分の1の位置に合うように折り返す。

6

5同様にもう片方の布ⓑも中央をピンセットではさんで折り返したら、ひだの間にボンドを塗って接着する。

7

6を裏返し裁ち目をボンドで接着する。

8

中央のひだの部分にもボンドを塗って接着する。

9

裁ち目の外側にもボンドを塗り、中央に向って裁ち目を折り返して接着する。

10

もう片方も同様に中央に向って折り返し、裁ち目同士を貼り合わせる。

11

余分な部分の布を切りとる。

12

表に返してできあがり。

ばらつまみ

ばら(⇒ p.13)の花弁。三角に折った布の両端を中央に向って折るだけなので、つまみ細工がはじめての人にも簡単につくれます。

1
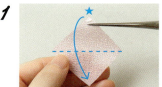
布を写真のように手にとり、★の角にボンドを塗る。ボンドを塗った★の角と下の角が重なるように、布を三角に折る。

2
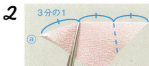
ⓐの角にボンドを塗り、写真のようにピンセットで布をはさむ。

3

布をはさんだまま、中央に向って布を折り、ⓐを貼りつける。

4

ⓐのボンドが乾いたら、点線の位置にピンセットをあてて布をはさみ、中央に向って布を折る。

5

布が重なり合う位置をボンドで接着する。

6

表に返してできあがり。

● **コラム [2枚剣つまみでつくる葉]**

きほんの剣つまみの花(p.7)のページに掲載されている葉は、5枚の2枚剣つまみを配置してつくられたものです。このように、どのつまみ方も花弁の数や配置方法を変えるだけで、多種多彩な形を表現できることが、つまみ細工のおもしろさのひとつです。

【材料】
葉
○ 布(羽二重/絹)
　2.5㎝角 ― 10枚
○ 菱形土台(⇒p.46)
　台紙布 2.5㎝角 ― 1枚
　台紙下 2×1.2㎝ ― 2枚
　台紙上 1.2×0.8㎝ ― 1枚
○ 飾り
　パールビーズ 3㎜ ― 3個

【つくり方】
1 布をすべて2枚剣つまみでつまむ。
2 菱形土台の上に①～⑤の順に花弁を配置する。
3 パールビーズにボンドをつけ、花弁の上に置く。

3 さくら

photo p.8
仕上がりサイズ　直径 3cm

【材料】
- 布（一越ちりめん/絹）
  3cm角 — 5枚
- 丸土台
  台紙布 3cm角 — 1枚
  台紙下 直径2.2cm — 2枚
  台紙上 直径1.9cm — 1枚
- 花芯
  素玉ペップ — 8本
  糸（ポリエステル）— 適量
  アクリル絵の具（ピンク・黄色）

［花弁を配置する］

1

布はすべてへこみつまみ（⇒p.54）でつまむ。丸土台（⇒p.45）をつくり、花弁を配置する。

2

花弁を5枚配置したところ。各花弁が均等にみえるように整える。

● ポイント

花弁と花弁の間にすきまがある場合は、隣り合った花弁同士をピンセットではさみ、すき間をつぶす。

次に、花弁のうしろのくぼみにピンセットを差し入れ、両側に開いて花弁の幅を広げる。

［花芯をつくる］

3

素玉ペップをアクリル絵の具（ピンク）で塗る。

4

絵の具が乾いたら、素玉の部分を切りとる。

5

ペップを1束にまとめ、2つに折る。このとき、先端の長さがそろわない場合は、はさみで先端を切りそろえる。

6

先端から1cmの位置に糸を巻きつける。巻き終わりは、糸がほどけないようにボンドを塗って固める。

7

水で溶いたアクリル絵の具（黄色）をペップの先端に塗る。絵の具が乾いたら、ペップを糸の真下で切る。

［花芯を飾る／できあがり］

8

切り口にボンドをつけ、花の中央に置いたらできあがり。

4 藤

photo p.9
仕上がりサイズ　13 × 5.5cm

【材料】
花
○ 布（一越ちりめん／絹）
　ⓐ 2.5cm角 — 16枚／ⓑ 2cm角 — 8枚
○ その他
　唐打ひも 12cm — 4本
葉　3本分
○ 布（羽二重／絹）
　ⓒ 3.5cm角 — 3枚／ⓓ 3cm角 — 6枚
　ⓔ 2.5cm角 — 6枚
○ ワイヤーつき葉土台
　台紙下 直径1.2cm — 12枚
　台紙上 直径1.2cm — 6枚
　24番ワイヤー 12cm — 3本
　アクリル絵の具（緑）
　糸（ポリエステル）／フローラルテープ — 適量
くまで用24番ワイヤー 12cm — 4本

[葉を配置する]

1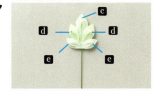

ⓒⓓⓔをすべて葉つまみ（⇒ p.59）でつまみ、ⓒ、ⓓ、ⓔの順にワイヤーつき葉土台（⇒p.46）3本に配置する。

[葉を組む]

2

葉のワイヤーを3本とも土台下からL字に曲げ、写真のように組み合わせる。

3

3本のワイヤーを1つに束ね、根元に糸を巻いて固定する。糸は巻き終わっても切らずに残しておく。

[くまでをつくる]

4

くまで用のワイヤーを先端から7mmの位置で曲げ、そこからさらに2cmの位置でL字に曲げる。

5

ワイヤーを4本とも曲げたら、写真のように1つに束ね、糸で巻く。巻き終わりは、糸がほどけないように糸端をボンドでとめる。

[葉とくまでを組む]

6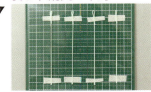

ワイヤーのL字部分を**3**の葉の根元に組み合わせ、糸で巻きとめて、根元から2.5cmで切ってフローラルテープを巻く。

[さがり（花）をつくる]

7

カッティングマットの上に透明フィルムを貼り、その上からさがり用の唐打ひも4本を方眼目にそろえて並べ、固定する。

8

ⓐⓑすべてを丸つまみ（⇒p.52）でつまむ。**7**の唐打ひもの上にⓐの花弁4枚、ⓑの花弁2枚の順に5mmの間隔で配置する。

9

唐打ひも4本すべてに花弁を配置したところ。

[さがりをかける]

10

6に**9**をかける。表にくまでが見えないようワイヤーの位置や角度を調整してできあがり。

5 乙女つばき

photo p.9
仕上がりサイズ 3.5 × 6cm 〈花 直径3.5cm〉

【材料】
花
○ 布（一越ちりめん／レーヨン）
　a 3.5cm角 — 6枚
　b 3cm角 — 6枚
　c 2.5cm角 — 8枚
○ 丸土台
　台紙布 3.5cm角 — 1枚
　台紙下 直径2.5cm — 2枚
　台紙上 直径2.1cm — 1枚
葉
○ 布（一越ちりめん／絹）
　d 5cm角 — 2枚

［花弁を配置する］

1

a をすべて丸つまみ（⇒p.52）でつまむ。丸土台（⇒p.45）をつくり、a の花弁を配置する。

2

b をすべて丸つまみでつまみ、1段目の花弁2枚をまたぐ位置に花弁 b を配置する。

3

2段目を配置したところ。

4

c 6枚を丸つまみでつまみ、**2**の手順同様に花弁を配置する。

［花芯をつくる］

5

c 1枚を丸つまみでつまみ、のり板の上で先端をピンセットで開く。

6

もう1枚の c も **5**の手順同様にする。

7

のり板の上で**5**と**6**を向かい合わせにし、抱きあうようにそれぞれの先端を閉じる。

8

先端を閉じたところ。

［花芯を飾る］

9

8の形を整えたら、のりのついたままの状態で**4**の中央に置く。

［葉をつくる／できあがり］

10

d を葉つまみ（⇒p.59）でつまみ、**9**の土台裏に貼りつけてできあがり。

6 あじさい

photo p.10
仕上がりサイズ 5 × 7.5cm 〈花 直径5cm〉

【材料】
花
○ 布（一越ちりめん/レーヨン）
 ⓐ 2cm角 — 32枚
○ 丸土台
 台紙布 6cm角 — 1枚
 台紙下 直径5cm — 2枚
 台紙上 直径4cm — 1枚（色画用紙）
○ 花芯
 パールビーズ 3mm — 7個
葉
○ 布（一越ちりめん/レーヨン）
 ⓑ 5cm角 — 1枚

[土台をつくる]

1

丸土台（⇒p.45）をつくる。あじさいは台紙布でくるんだ台紙下側に花弁を配置するため、台紙上を色画用紙でつくると、裏の見た目が美しい。

[花弁を配置する]

2

土台全体をものさしではかり、土台の中心に印をつける。

3

ⓐをすべて丸つまみ（⇒p.52）でつまみ、花弁ⓐ4枚を**2**で印をつけた丸土台の中心に配置する。

4

3の斜め上と斜め下に花弁を4枚ずつ配置する。

5

反対側の斜め上と斜め下にも同様に花弁を配置する。

6

中心の花の上と下に花弁を配置し、両脇にも花弁を2枚ずつ配置する。

[花芯を飾る]

7

パールビーズにボンドをつけ、花弁を4枚配置した花の中央に置く。

8

すべての花に花芯を飾ったところ。

[葉をつくる]

9

葉つまみ（⇒p.59）でつまむ。

[できあがり]

10

9を**8**の土台裏に貼りつけてできあがり。

7 金糸梅 photo p.10

仕上がりサイズ 8×4.5cm〈花 直径3cm〉

【材料】
花
○布（一越ちりめん／レーヨン）
　ⓐ 3cm角 ― 5枚
○丸土台
　台紙布 3cm角 ― 1枚
　台紙下 直径2cm ― 2枚
　台紙上 直径1.5cm ― 1枚
○花芯
　黄バラペップ ― 8個
　26番ワイヤー ― 8cm×3本
　フローラルテープ 細幅 ― 適量
葉
○布（羽二重／絹）
　ⓑ 4cm角 ― 4枚／ⓒ 6cm×6mm ― 1枚
　22番ワイヤー ― 6cm×1本
　24番ワイヤー ― 2cm×2本

［土台をつくる］

1

ボンドを塗ったⓒに22番ワイヤーをはさんで2つに折り、丸土台（⇒p.45）の台紙上と台紙下の間にはさんで接着する。

［花弁を配置する］

2

ⓐを丸つまみ（⇒p.52）でつまみ、土台の上に配置する。

［花芯をつくる］

3

26番ワイヤーは3本とも先端から半分の位置までフローラルテープを巻く。

4

フローラルテープが巻かれてる方の先端から4mmの位置をL字に曲げる。

5

ワイヤー3本を1つに束ね、フローラルテープで巻きとめる。

6

黄バラペップを半分に折ったものを5の周りにバランスよく配置し、フローラルテープを巻いて固定する。

［葉をつくる］

7

ⓑを葉つまみ（⇒p.59）でつまみ、写真のように2枚の葉を並べ24番ワイヤーをボンドで貼りつけて固定する。

8

7のボンドが乾いたら、2にボンドで貼りつける。残りの葉も同様につくり、2cm下に貼りつける。

［花芯を飾る］

9

6の先端から1.3～1.5cmの位置で切る。

［できあがり］

10

花芯の切り口にボンドをつけ、花の中央に置いてできあがり。

8 ひまわり

photo p.11
仕上がりサイズ 5×6.5cm〈花 直径5cm〉

【材料】
花
○ 布（一越ちりめん/レーヨン）
　ⓐ 3cm角 — 10枚
○ 丸土台
　台紙布 3.5cm角 — 1枚
　台紙下 直径2.2cm — 2枚
　台紙上 直径1.5cm — 1枚
○ 花芯
　花芯台紙布 3.5cm角 — 1枚
　花芯台紙 直径2.2cm — 2枚
　毛糸（太）・毛糸（細） — 適量
葉
○ 布（一越ちりめん/レーヨン）
　ⓑ 5cm角 — 1枚

［花弁を配置する］

1

ⓐをすべて変形葉つまみ（⇒p.59）でつまむ。丸土台（⇒p.45）をつくり、ⓐの花弁を配置する。

［花芯を飾る］

2

花芯台紙を2枚貼り合わせたものを台紙布でくるみ、**1**に貼りつける。

3

花芯の縁にボンドを塗る。

4

3のボンドを塗った部分に毛糸（太）を2周分貼りつける。

5

花芯台紙の中央にボンドを塗る。

6

毛糸（細）を写真のように丸くまとめ、**5**のボンドを塗った部分に貼りつける。

7

花芯を飾ったところ。下の台紙がみえないように毛糸を貼りつけることができればOK。

［葉をつくる］

8

ⓑを扇つまみ（⇒p.55）でつまんだら、裏に返し、頭部分の内側にボンドを塗って接着する。

9

8を表に返したところ。

［できあがり］

10

9を**7**の土台裏に貼りつけてできあがり。

9 もみじ

photo p.12
仕上がりサイズ 4×4.5cm

【材料】
- 布（一越ちりめん／レーヨン）
  - a 4cm角 — 1枚／b 3.5cm角 — 2枚
  - c 3cm角 — 2枚／d 3.5cm×6㎜ — 1枚
- 丸土台
  - 台紙布 2.5cm角 — 1枚
  - 台紙下 直径1.5cm — 2枚
  - 台紙上 直径1.2cm — 1枚
- 飾り
  - スワロフスキー5㎜
  - パールビーズ5㎜
  - ビーズ5㎜ — 各1個
  - パールビーズ3㎜ — 2個
- 22番ワイヤー — 3.5cm

［土台をつくる］

1

丸土台（⇒p.45）と茎をつくる。茎は金糸梅の茎（⇒p.66）と同じ手順でボンドを塗ったdに22番ワイヤーをはさんで2つに折る。

2

茎のボンドが乾いたら、写真のようにカーブをつける。

3

丸土台に**2**をのせる。

［葉を配置する］

4

abcをすべて葉つまみ（⇒p.59）でつまみ、まず土台の中央にaを配置する。

5
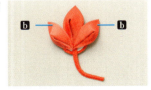
次に**4**の両脇にbを1枚ずつ配置する。

6

最後に**5**の両脇にcを1枚ずつ配置する。

7

すべて配置したところ。

［飾りつける］

8

すべての葉が重なり合う位置に飾りを貼りつける。

［できあがり］

9

飾りをすべて貼りつけてできあがり。

● アレンジ

葉の配置する間隔や葉の色を変えて、もみじのバリエーションを増やして、つくってみるのもいいでしょう。

10 百日草

photo p.12
仕上がりサイズ 3.7×6cm〈花 直径3.7cm〉

【材料】
花
○ 布（羽二重/絹）
　 2.5cm角 — 14枚
○ 小半球土台
　台紙布 5cm角 — 1枚
　スチロール球 3cm
○ 花芯
　パールビーズ* 4mm — 7個
　テグス — 適量
　* p.12ではチェコビーズを使用

葉
○ 布（羽二重/絹）
　 5cm角 — 3枚

［花弁を配置する］

1

をすべて扇つまみ（⇒p.55）でつまむ。小半球土台（⇒p.48）をつくり、土台の縁にの花弁8枚を配置する。

2

1に6枚の花弁を配置する。2段目の花弁も向かい合う花弁の向きに気をつけてバランスよく配置する。

［花芯をつくる］

3

パールビーズ6個をテグスに通す。

4
テグスの両端を結んで輪にする。

［花芯を飾る］

5

4にボンドをつけて2の中央に置く。

6

パールビーズにボンドをつけて5の中央に置く。

7

花芯を飾ったところ。

［葉をつくる］

8

をすべて葉つまみ（⇒p.59）でつまみ、1枚の葉を中心にして2枚の葉を貼り重ねる。

9

葉をすべて貼り重ねたところ。

［できあがり］

10

葉を7の土台裏に貼りつけてできあがり。

11 ばら photo p.13

仕上がりサイズ　8.3 × 5.5cm 〈花 直径4.5cm〉

【材料】
花
○ 布（一越ちりめん/レーヨン）
　ⓐ 3.5cm角 — 6枚 / ⓑ 3cm角 — 6枚
　ⓒ 2.5cm角 — 8枚
○ 丸土台
　台紙布 4.2cm角 — 1枚
　台紙下 直径3.2cm — 2枚
　台紙上 直径2.5cm — 1枚
葉
○ 布（一越ちりめん/絹）
　ⓓ 2.5cm角 — 5枚
○ 菱形土台
　台紙布 2cm角 — 1枚
　台紙下（菱形）2×1.2cm — 2枚
　台紙上（菱形）1.2×0.8cm — 1枚

[土台をつくる]

1

丸土台（⇒p.45）をつくる。

[花弁を配置する]

2

ⓐをばらつまみ（⇒p.61）でつまみ、花弁を土台に配置する。

3

花弁と花弁が半分くらい重なり合う間隔で配置する。

4

花弁ⓐを配置したところ。

5

ⓑも同様にすべてばらつまみでつまみ、1段目の花弁2枚をまたぐ位置に花弁ⓑを配置する。

6

ⓒは6枚をばらつまみでつまみ、手順5の要領で2段目の上に配置する。

[花芯を飾る]

7

ⓒの残り2枚で丸つまみの花芯をつくり、6の中央に置く。

● ポイント

7の花芯は乙女つばきの花芯（⇒p.64手順5〜8）と同じように、のり板の上で抱き合わせたものをつくる。

[葉をつくる]

8

ⓓをすべて丸つまみでつまむ。菱形土台（⇒p.46）をつくり、①〜⑤の順番で配置する。

[できあがり]

9

8を7の土台裏に貼りつけてできあがり。

12 寒つばき photo p.14

仕上がりサイズ 7.5 × 10cm 〈花 直径 7.5cm〉

【材料】
花
○ 布（一越ちりめん/レーヨン）
　a 7cm角 — 6枚 / b 6cm角 — 6枚
　c 5cm角 — 6枚
○ 丸土台
　台紙布 4cm角 — 1枚
　台紙下 直径3.2cm — 2枚
　台紙上 直径2.5cm — 1枚
○ 花芯
　素玉ペップ — 20本
　糸（ポリエステル） — 適量
　アクリル絵の具（黄色）
葉
○ 布（一越ちりめん/絹）
　d 9cm角 — 1枚

［花弁を配置する］

1

aをすべてギャザーつまみ（⇒p.60）でつまむ。丸土台（⇒p.45）をつくり、aの花弁を6枚配置する。

2

bをすべてギャザーつまみでつまみ、1段目の花弁2枚をまたぐ位置に花弁bを配置する。

3

cをすべてギャザーつまみでつまみ、2段目の花弁2枚をまたぐ位置に花弁cを配置する。

［花芯をつくる］

4

ペップの素玉の部分を切りとる。

5

ペップを1束にまとめ、2つに折る。先端の長さがそろわない部分は、はさみで切りそろえる。

6

先端から1.3cmの位置に糸を巻きつける。巻き終わりは、糸がほどけないようにボンドを塗って固める。

7

水で溶いたアクリル絵の具（黄色）でペップの先端を塗る。塗りすぎた場合は、ティッシュで余分な絵の具を吸いとる。

［花芯を飾る］

8

ペップを糸の真下で切ったら、切り口にボンドをつけ、花の中央に置く。

［葉をつくる］

9

dを葉つまみ（⇒p.59）でつまむ。

［できあがり］

10

9を8の土台裏に貼りつけてできあがり。

13 梅

photo p.15
仕上がりサイズ　直径 2.8cm

【材料】
花
- 布（一越ちりめん/レーヨン）
   ａ 3cm角 — 5枚
- 丸土台
   台紙布 3cm角 — 1枚
   台紙下 直径1.9cm — 2枚
   台紙上 直径1.2cm — 1枚
- 花芯
   パールペップ — 3本
   座金 — 1個
   ビーズ 3mm — 1個

［花弁を配置する］

1

ａをすべて丸つまみ（⇒p.52）でつまむ。丸土台（⇒p.45）をつくり、花弁を配置する。

2

花弁を5枚配置したところ。各花弁が均等にみえるように整える。

［花芯を飾る］

3
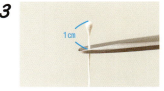
パールペップを先端から1cmの位置で切ったものを5本用意する。

4

3の下にボンドをつける。

5

1つの花弁に4を1本ずつ置いていく。

6

ペップをすべて置いたところ。

7

座金の縁をペンチで開く。

8

7にボンドをつけて6の中央に置く。

9 ［できあがり］

さらに8の上にボンドをつけてビーズを置いてできあがり。

● アレンジ

枝葉やつぼみを足すと、より梅らしく仕上がります。本書では「ぽち袋飾り」のひとつとして、つくりかたを紹介しています。（⇒p.100）

14 すいせん

photo p.15

仕上がりサイズ 3.5 × 6.5cm 〈花 直径 6.5cm〉

【材料】
花
○ 布（一越ちりめん／絹）
　a 4cm角 — 6枚
　b 3cm角 — 2枚
○ 丸土台
　台紙布 3cm角 — 1枚
　台紙下 直径2.1cm — 2枚
　台紙上 直径1.5cm — 1枚
葉
○ 布（一越ちりめん／絹）
　c 6cm — 1枚

［花弁を配置する］

1

をすべてダイヤつまみ（⇒p.58）でつまみむ。丸土台（⇒p.45）をつくり、花弁を配置する。

2

まず、丸土台の半分のスペースに花弁を3枚配置する。

3

2のあいたスペースに残りの花弁3枚を配置し、バランスを整える。

［花芯をつくる］

4

を丸つまみ（⇒p.52）でつまみ、乙女つばきの花芯（⇒p.64手順5〜8）と同じようにのり板の上で抱き合わせたものをつくる。

［花芯を飾る］

5

4の形を整えたら、のりのついたままの状態で3の中央に置く。

［葉をつくる］

6

cを変形葉つまみ（⇒p.59）でつまむ。

［できあがり］

7

6を5の土台裏に貼りつけてできあがり。

● コラム ［染色の掛け合わせ例］

つまみ細工用の布を染色する場合、単色の染料の分量で濃淡のニュアンスをたのしむことができます。染色になれてきた方は染料の色を掛け合わせて新しい色をつくる方法にもチャレンジしてみましょう。さまざまな色の掛け合わせで好みの色が見つかると、作品づくりもよりいっそう楽しくなるでしょう。

step 3
つまみ細工を小物に仕立てる

花をつくれるようになったら、次のステップへ。かんざしの組み上げかたや小物への仕立てかたのきほんを覚えると、つまみ細工がもっと楽しくなります！

コームの組み上げかた

 青い花のコーム   photo p.23
仕上がりサイズ　コーム 5.5 × 9cm〈花 各直径 3.5cm〉

【材料】
花　3輪分
○ 布（羽二重/絹）
　　3cm角 — 18枚
○ ワイヤーつき丸土台
　　台紙布 2.5cm角 — 3枚
　　台紙下 直径1.5cm — 6枚
　　台紙上 直径1.2cm — 3枚
　　24番ワイヤー — 3本
○ 花芯
　　パールビーズ 6mm — 2個
　　ラインストーン 5mm — 1個
　　座金 — 3個
○ フローラルテープ 細幅 — 適量
○ コーム（15山） — 1個

〔花弁を配置する〕

1

布はすべて変形扇つまみ（⇒p.55）でつまむ。ワイヤーつき丸土台（⇒p.45）をつくり、花弁を配置してABCの花をつくる。

〔コームに組む〕

2

それぞれの花のワイヤーを台紙の縁の位置からL字に曲げる。ワイヤーを曲げる向きはBのみ反対方向にする。

3

コームの裏側から表へ向ってAのワイヤーを通す。

4

コームにワイヤーを3分の1の位置まで巻きつけ、余分なワイヤーを切る。

5

4のワイヤーを覆うようにフローラルテープを巻きつける。

6

ワイヤーの巻き終わり位置まで巻き終えたら、フローラルテープを切る。

7

6にBのワイヤーを通し、Aと同じように3分の1の位置まで巻きつける。

8
Bのワイヤーの上からフローラルテープを巻きつけ、巻き終えたらテープを切る。

9
コームの中心にCのワイヤーを通す。

10
ワイヤーを通した位置を軸に、左右に数回ずつワイヤーを巻きつけ、余分なワイヤーを切る。

11
Cのワイヤーの上からフローラルテープを巻きつけ、巻き終えたらテープを切る。

12
表に返して花の位置を調整したら、できあがり。

● **ポイント**
フローラルテープのかわりにししゅう糸やポリエステル糸で挑戦してみるのも見映えが美しくおすすめです。その場合、糸がほどけないようにワイヤー全体にボンドをうすく塗って仕上げましょう。

ヘアピンの仕立てかた

22 青い花のヘアピン

photo p.23
仕上がりサイズ　ヘアピン 5.5 × 3.5cm 〈花 直径 3.5cm〉

【材料】
花
○ **布**（羽二重／絹）
　3cm角 — 6枚
○ **丸土台**
　台紙布 2.5cm角 — 1枚
　台紙下 直径1.5cm — 2枚
　台紙上 直径1.2cm — 1枚
○ **花芯**
　パールビーズ 6mm — 1個
　座金 — 1個
ヘアピン（丸皿） — 1本

[花弁を配置する]

1
布はすべて変形扇つまみ（⇒p.55）でつまむ。丸土台（⇒p.45）をつくり、花弁を配置する。花芯を飾り花をつくる。

[ヘアピンに仕立てる]

2
ヘアピンの丸皿部分に多用途ボンドを塗る。

3
花の土台に**2**を貼り合わせる。

4
ボンドが乾いたら、できあがり。

半球のかんざしの組み上げかた

※半球土台に配置する花弁は、位置と個数を見やすくするために手順 *1* 〜 *18* までは本来の作品と色を変えています。

27 半球花かんざし

photo p.28
仕上がりサイズ　25.5 × 6.5cm 〈花 直径 6.5cm　さがり 19cm〉

【材料】
花
○ 布（一越ちりめん／絹）
　ⓐ 2cm角 ─ 102枚
○ ワイヤーつき大半球土台
　スチロール製半球 直径5cm ─ 1個
　台紙布 9cm角 ─ 1枚
　台紙下 直径2.5cm ─ 2枚
　台紙上 直径2.2cm ─ 1枚
　22番ワイヤー ─ 3本
○ 花芯
　パールビーズ 8mm ─ 1個
　座金 ─ 1個

さがり用花　2輪分
○ 布（一越ちりめん／絹）
　ⓑ 2cm角 ─ 12枚
○ 丸土台（⇒ p.45）
　台紙布 2.5cm角 ─ 2枚
　台紙下 直径1.5cm ─ 4枚
　台紙上 直径1.2cm ─ 2枚
○ 花芯
　パールビーズ 6mm ─ 2個
　座金 ─ 2個

さがり　2本分
○ 布（一越ちりめん／絹）
　ⓒ 2.5cm角 ─ 16枚
○ その他
　唐打ひも ─ 21cm×2本
　くまで用24番ワイヤー ─ 2本
　糸（ポリエステル） ─ 適量
　かんざし金具 ─ 1本

[1段目の花弁を配置する]

1

ワイヤーつき大半球土台（⇒p.49）をつくる。土台をメジャーではかり、中心に印をつける。

2

ⓐをすべて丸つまみ（⇒p.52）でつまみ、花弁8枚を*1*で印をつけた半球土台の中心に配置する。

3

8枚配置したところ。これを1段目とする。

[2段目の花弁を配置する]

4

2段目の花弁①は1段目の花弁と花弁の間に差しこむように配置し、②と③は1段目の花弁のくぼみ下に配置する。

5

反対側も*4*同様に花弁を配置する。

6

次に1段目の花弁と花弁の間に花弁（★）を差しこみ、時計回りに間、くぼみ、間、くぼみと花弁を差しこむ。

[3段目の花弁を配置する]

7

3段目は2段目の花弁（★）の下から、くぼみ、くぼみ、間、くぼみ、くぼみ→くぼみ、間、くぼみ、間、くぼみの順で花弁を差しこみ一周する。

[4〜6段目の花弁を配置する]

8

4〜6段目は、3段目の花弁の真下に各段・各色5枚ずつの花弁を配置する。

[花芯を飾る]

9

座金の縁をペンチで開いたら、裏にボンドをつけて花の中心に置く。その上にボンドをつけたパールを置く。

10 [くまでをつくる]

ワイヤー2本をそれぞれ先端から0.7cmの位置で曲げ、さらに2.8cmの位置でL字に折り曲げる。

11

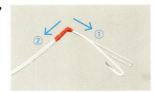

ワイヤー同士のL字部分を重ね、①の方向へ糸を巻きつけたら、さらに②の方向へ折り返して巻き、糸を切って糸端をボンドでとめる。

12 [くまでを組む]

土台下のワイヤーを束ね、根元から約0.7cmの位置まで糸を巻きつける。

13

12の糸の巻き終わり位置にくまでを重ね、さらに糸を巻きつける。

14

2.5cmの位置まで巻きつけたら糸を切り、糸端をボンドでとめる。余分なワイヤーを切る。

15 [かんざしを組む]

かんざし金具の頭のU字部分に糸を通して10回ほど巻きつけ、その上にボンドを塗る。糸は巻き終わっても切らずに残す。

16

15のボンドを塗った部分に14を重ね、接着する。

17

16の接着部分を15の糸で巻く。巻き終わりは、糸端をボンドでとめる。

18

ワイヤーに角度をつける。

19 [さがりをつくる]

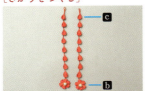

bは変形扇つまみ（⇒p.55）、cはハートつまみ（⇒p.56）でつまみ、cをバランスよく配置してさがりをつくる。bの花はさがりの唐打ひもにボンドで貼りつける。

20 [さがりをかける]

18のくまでに19をかけ、ワイヤーの先端を閉じる。

21 [できあがり]

表にくまでが見えないようワイヤーの位置や角度を調整してできあがり。

かんざしの組み上げかた

29 七五三かんざし photo p.30

仕上がりサイズ　26×11cm〈花A・B 各直径3cm　葉 各3×3cm　蝶 3.5×4cm　さがり 10cm〉

【材料】
花A・B　6輪分
○ 布（羽二重/絹）
　ⓐ 2.5cm角 — 72枚/ⓑ 2cm角 — 36枚
○ ワイヤーつき丸土台
　台紙布 3cm角 — 6枚
　台紙下 直径1.9cm — 12枚
　台紙上 直径1.5cm — 6枚
　24番ワイヤー — 6本
○ 花芯
　A 座金ⓒ — 3個/B 座金ⓓ — 3個
　A スワロフスキー 8mm — 3個
　B パールビーズ 6mm — 3個
葉　3本分
○ 布（羽二重/絹）
　ⓔ 3.5cm角 — 9枚
○ ワイヤーつき丸土台
　台紙布 2.5cm角 — 3枚
　台紙下 直径1.5cm — 6枚
　台紙上 直径1.2cm — 3枚
　24番ワイヤー — 3本
蝶　1匹分
○ 布（羽二重/絹）
　ⓕ 3.5cm角 — 2枚/ⓖ 3cm角 — 2枚
○ ワイヤーつき蝶土台
　台紙布 2.5×3.5cm — 1枚
　台紙下 直径1.5cm — 4枚
　台紙上 直径1.2cm — 1枚
　24番ワイヤー — 1本
○ 体
　台紙布 2.2×0.8cm — 1枚
　台紙 2×0.5cm — 3枚
　ⓗ チェコビーズ 4mm — 5個
　ⓘ ラインストーン 5mm — 4個
　触覚用22番ワイヤー — 6cm×1本
　刺しゅう糸（金） — 1〜2本
さがり　3本分
○ 布（羽二重/絹）
　ⓙ 2.5cm角 — 15枚
唐打ひも — 18cm×3本
くまで用24番ワイヤー — 3本
糸（ポリエステル） — 適量
かんざし金具 — 1本

[花弁を配置する]

1

ⓐを2枚丸つまみ（⇒p.54）、ⓑを丸つまみ（⇒p.52）でつまむ。ワイヤーつき丸土台（⇒p.45）をつくり、花弁と花芯を配置しAとBの花をつくる。

[葉と蝶をつくる]

2

ⓔを葉つまみ（⇒p.59）でつまみ、ワイヤーつき丸土台に配置する。ⓕⓖはハートつまみ（⇒p.56）でつまみ、蝶土台（⇒p.47）の上に蝶をつくる。

● [蝶のつくりかた]

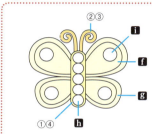

①体の台紙を3枚重ねて貼り合わせ、台紙布で覆う。
②ワイヤーにボンドを塗り、刺しゅう糸を巻きつける。ボンドが乾いたら2つ折りにし、先端をペンチで巻く。
③体の台紙にワイヤーを貼りつける。
④蝶土台にⓕとⓖを配置し、ⓘを飾る。中央に体の台紙を貼り、ⓗを飾る。

[花を組む]

3

葉のワイヤーを土台下から2cmの位置でL字に曲げる。

4

3とAの花を写真のような配置で組み合わせる。

5

4の土台下に糸を30回ほど巻いて固定する。巻き終わりは糸を切り、糸端をボンドでとめる。

6

5の土台下から2.5cmの位置に角度をつける。

7

残りのAの花と葉も同様に組み合わせたら、写真のように1つに束ねる。

8

ワイヤーを組み合わせた位置に糸を20回ほど巻いて固定し、ワイヤーの間に糸を渡してさらに10回ほど巻きつける。糸は切らずに残しておく。

9

Bの花は3本とも土台下から2cmの位置に角度をつける。

10

8にBの花を1本ずつ組み合わせ、その都度糸を巻いて固定する。

11

蝶のワイヤーを土台下から4cmの位置で角度をつける。

12

全体のバランスを見ながら、**10**の上部に**11**の蝶を組み合わせる。

13

蝶の位置が決まったら、糸を20回ほど巻く。ワイヤーの束の間に糸を通し、さらに10回ほど巻きつける。巻き終わった糸は切らずに残す。

[くまでをつくる]

14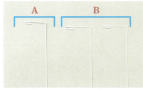

ワイヤーA（1本）は先端から0.7cm、2.5cmの位置で曲げ、ワイヤーB（2本）は先端から0.7cm、2.8cmの位置で曲げる。

15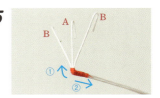

Aが中央になるように組み合わせたら、①の方向へ糸を巻きつけ、さらに②の方向へ折り返して巻き、糸を切って糸端をボンドでとめる。

[くまでを組む]

16

13の巻き終わり位置にくまでを重ね、さらに**13**の糸を巻きつける。

17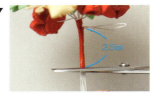

2.5cmの位置まで巻きつけたら、糸を巻きとめ、余分なワイヤーを切る。

[かんざしを組む]

18

かんざし金具頭のU字部分に糸を通して10回ほど巻きつける。糸は切らずに残しておく。

19

18の上にボンドを塗り、そこへ17を重ねて接着する。

20

19の接着部分に糸を巻きつけてしっかりと固定する。

21

巻き終わりは糸を切り、糸端をボンドで貼りつける。ペンチで花の部分を起こし、角度を調整する。

22 [さがりをつくる]

jはすべてハートつまみでつまみ、さがりをつくる。(さがりは藤のつくりかたp.63を参考にする)

23 [さがりをかける]

21のくまでに22をかけ、ワイヤーの先端を閉じる。

24 [できあがり]

表にくまでが見えないようワイヤーの位置や角度を調整してできあがり。

29 七五三飾りピン

photo p.31
仕上がりサイズ 8×8cm〈花A・B、葉、蝶の大きさは七五三かんざしと同じ〉

【材料】
花A・B　3輪分
○ 布(羽二重/絹)
　a 2.5cm角 — 36枚 / **b** 2cm角 — 18枚
○ ワイヤーつき丸土台
　台紙布 3cm角 — 3枚
　台紙下 直径1.9cm — 6枚
　台紙上 直径1.5cm — 3枚
　24番ワイヤー — 3本
○ 花芯
　A 座金 **c** — 1個 / B 座金 **d** — 2個
　A スワロフスキー 8mm — 1個
　B パールビーズ 6mm — 2個

葉　1本分
○ 布(羽二重/絹)
　e 3.5cm角 — 3枚
○ ワイヤーつき丸土台
　台紙布 2.5cm角 — 1枚
　台紙下 直径1.5cm — 2枚
　台紙上 直径1.2cm — 1枚
　24番ワイヤー — 1本

蝶　1匹分
○ 布(羽二重/絹)
　f 3.5cm角 — 2枚 / **g** 3cm角 — 2枚
○ ワイヤーつき蝶土台(⇒p.47)
　台紙布 2.5×3.5cm — 1枚
　台紙下 直径1.5cm — 4枚
　台紙上 直径1.2cm — 1枚
　24番ワイヤー — 1本
○ 体
　台紙布 2.2×0.8cm — 1枚
　台紙 2×0.5cm — 3枚
　h チェコビーズ 4mm — 5個
　i ラインストーン 5mm — 4個
　触覚用22番ワイヤー — 6cm×1本
　刺しゅう糸(金) — 1〜2本
銀ビラ(10枚ビラ) — 1本
糸(ポリエステル) — 適量
パッチピン — 1本

[花弁を配置する]

1
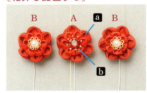
aを2枚丸つまみ(⇒p.54)、**b**を丸つまみ(⇒p.52)でつまむ。ワイヤーつき丸土台(⇒p.45)をつくり、**a**と**b**の花弁を配置しAとBの花をつくる。

[葉と蝶をつくる]

2
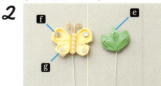
eを葉つまみ(⇒p.59)でつまみ、ワイヤーつき丸土台に配置する。
f gはハートつまみ(⇒p.56)でつまみ、蝶をつくる。

[かんざしを組む]

3
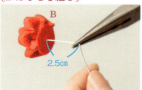

花Bは2輪とも、ワイヤーを土台下からそれぞれ2.5cmの位置でL字に曲げる。

4

花Aを中心にして両側に花Bを組み合わせ、糸を巻きつけて固定する。糸は切らずに残しておく。

5

蝶のワイヤーを土台下から3cmの位置でL字に曲げる。

6

葉のワイヤーを土台下から2cmの位置でL字に曲げる。

7

5と6を写真のような配置で組み合わせる。

8

ワイヤーを組み合わせた位置に糸を20回ほど巻いて固定し、ワイヤーの間に糸を渡してさらに10回ほど巻きつける。糸は切らずに残しておく。

9

銀ビラのワイヤーを根元から8mmの位置でL字に曲げる。

10

8に銀ビラを組み合わせ、残しておいた糸を2.5cmの位置まで巻き、糸を切って糸端をボンドでとめる。余分なワイヤーを切る。

[パッチピンと組み上げる]

11

パッチピンの穴に糸を通して10回ほど巻きつけ、ボンドを塗る。糸は巻き終わっても切らずに残しておく。

12

11のボンドを塗った位置に10を重ねて接着し、さらに糸を巻きつけてしっかりと固定する。

13

巻き終わりは糸を切り、糸端をボンドで貼りつける。ペンチで花の部分を起こし、角度を調整する。

[できあがり]

14

全体の形を整える。花Aのやや後ろに花Bがあると、立体的でかわいらしい印象に仕上がる。

15 photo p.16
一輪クリップピン

仕上がりサイズ　A花 直径6.5cm、B・C花 各直径5.5cm

【材料】
花〈A〉
○布（一越ちりめん/絹）
　a 4.5cm角 — 6枚
　b 4cm角 — 6枚
○丸土台
　台紙布 3.5cm角 — 1枚
　台紙下 直径2.5cm — 2枚
　台紙上 直径2.1cm — 1枚
○花芯〈A〉
　c パールビーズ 4mm — 8個
　d パールビーズ 8mm — 1個
　テグス — 適量

花〈花弁 B・C共通〉
○布（一越ちりめん/絹）
　e 4cm角 — 6枚
　f 3cm角 — 6枚
○丸土台
　台紙布 3.5cm角 — 1枚
　台紙下 直径2.2cm — 2枚
　台紙上 直径1.9cm — 1枚
○花芯〈B〉
　g パールビーズ 2mm — 18個
　h スワロフスキー 6mm — 1個
　テグス — 適量
○花芯〈C〉
　i 爪付きラインストーン 6mm — 1個

〈A・B・C共通〉
ブローチ台丸皿ヘアクリップ 2.1cm — 1個

【作りかた】〈A・B・C共通〉
◎ B・Cは a を e、b を f に置き換える
1　布はすべて葉つまみ（⇒p.59）でつまむ。
　　丸土台（⇒p.45）をつくり、花弁を配置して2段の花をつくる。
2　花の中央に花芯を飾る。
3　土台の中央にブローチ台を貼りつける。

point
2段目に花弁 b を配置するとき、
1段目の花弁 a 2枚をまたぐ位置に配置する。

花弁配置〈A・B・C共通〉

表

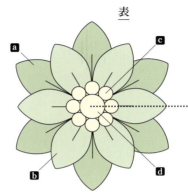

〈A〉花芯の飾りかた
外側から c、d の順に飾る。
（⇒p.69手順 *3〜7* 参照）

裏

花芯〈B〉

〈B〉花芯の飾りかた
外側から g 11個、g 7個、h の順に飾る。（⇒p.69手順 *3〜7* 参照）

花芯〈C〉

〈C〉花芯の飾りかた
i を花の中央に飾る。

16 photo p.17
ピンクの花のUピン

仕上がりサイズ　Uピン各8×6cm〈花 直径3cm　葉 2.5×2cm〉

【材料】
花
○ 布(一越ちりめん/絹)
　ⓐ 3cm角 — 6枚
　ⓑ 2.5cm角 — 3枚
○ ワイヤーつき丸土台(⇒p.45)
　台紙布 3cm角 — 1枚
　台紙下 直径2.2cm — 2枚
　台紙上 直径1.9cm — 1枚
　ワイヤー 24番 — 1本
○ 花芯
　ⓓ 座金 — 1個
　ⓔ ガラスビーズ 6mm — 1個

葉
○ 布(一越ちりめん/絹)
　ⓒ 2.5cm角 — 5枚
○ ワイヤーつき菱型土台(⇒p.46)
　台紙布 3cm角 — 1枚
　台紙下 2×1.2cm — 2枚
　台紙上 1.2×0.8cm — 1枚
　ワイヤー 24番 — 1本

糸(ポリエステル) — 適量
フローラルテープ 細幅 — 適量
Uピン7.5cm — 1本

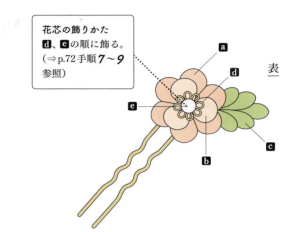

花芯の飾りかた
ⓓ、ⓔの順に飾る。
(⇒p.72手順**7〜9**参照)

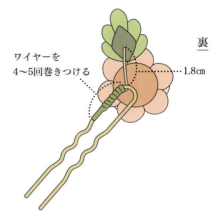

ワイヤーを
4〜5回巻きつける

【作りかた】
1 ⓐⓑをすべて丸つまみ(⇒p.52)でつまむ。
　ワイヤーつき丸土台(⇒p.45)をつくり、ⓐの花弁を1段目、
　ⓑの花弁を2段目に配置して花をつくる。花の中央に花芯を飾る。
2 ⓒを丸つまみでつまむ。ワイヤーつき菱形土台(⇒p.46)をつくり、
　花弁を配置して葉(⇒p.70手順**8**)をつくる。
3 葉のワイヤーを土台下から1.8cmの位置でL字に曲げ、
　1のワイヤーと組み合わせて根本を糸で巻きとめる。
4 **3**のワイヤーをUピンの頭から足に向かって4〜5回巻きつけ、
　余分なワイヤーを切る。
5 ワイヤーの上にフローラルテープを巻く。

point
手順**3**のワイヤーの組みかたは、かんざしの組み上げかた
(⇒p.78手順**3〜5**)を参考にするとよい。

photo p.18

小花のヘアゴム

仕上がりサイズ　A・B・C花 各直径3.5cm

【材料】
花〈花弁 A・B・C 共通〉
◯ 布(一越ちりめん/レーヨン)
　3cm角 — 8枚
◯ 丸土台
　台紙布 3cm角 — 1枚
　台紙下 直径1.9cm — 2枚
　台紙上 直径1.5cm — 1枚
◯ 花芯〈A〉
　a パールビーズ 3mm — 20個
　b スワロフスキー 6mm — 1個
　テグス — 適量
◯ 花芯〈B〉
　c 座金 — 1個
　d スワロフスキー 5mm — 1個
◯ 花芯〈C〉
　e 座金 — 1個
　f パールビーズ 5mm — 1個

〈A・B・C 共通〉
丸皿つきヘアゴム — 1個

【作りかた】〈A・B・C 共通〉
1　布をすべて丸つまみ(⇒p.52)でつまむ。
　　丸土台(⇒p.45)をつくり、花弁を配置して花をつくる。
2　花の中央に花芯を飾る。
3　ヘアゴムの金具と2を貼り合わせる。

point
花弁をすべて配置したら、全体が丸い花の形になるように、向かい合う花弁の向きや大きさを調整する。

花弁配置〈A・B・C 共通〉

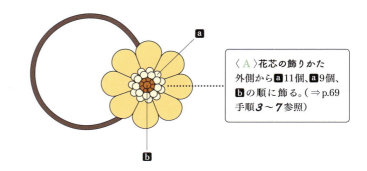

〈A〉花芯の飾りかた
外側から a 11個、a 9個、b の順に飾る。(⇒p.69 手順3〜7参照)

花芯〈B〉

〈B〉花芯の飾りかた
c、d の順に飾る。(⇒p.72 手順7〜9参照)

花芯〈C〉

〈C〉花芯の飾りかた
e、f の順に飾る。(⇒p.72 手順7〜9参照)

18 六角花のハットピン

photo p.19

仕上がりサイズ　ハットピン 3.5 × 8cm 〈花 直径 3.5cm〉

【材料】
花〈A・B 共通〉
○ 布（羽二重/絹）
　 a 3cm角 — 6枚
　 b 2cm角 — 6枚
○ 丸土台
　 台紙布 3cm角 — 1枚
　 台紙下 直径 2.2cm — 2枚
　 台紙上 直径 1.9cm — 1枚
○ 花芯〈A〉
　 c 座金 — 1個
　 d スワロフスキー 3mm — 1個
○ 花芯〈B〉
　 e スワロフスキー 6mm — 1個

〈A・B 共通〉
ハットピン — 1本

【作りかた】
1　a をとんがりつまみ（⇒ p.56）、
　 b を丸つまみ（⇒ p.52）でつまむ。
　 丸土台（⇒ p.45）をつくり、a の花弁を 1 段目、
　 b の花弁を 2 段目に配置して花をつくる。
2　花の中央に花芯を飾る。
3　土台の中央にハットピンを貼りつける。

point
2 段目に丸つまみの花弁 b を配置するとき、1 段目の
とんがりつまみの花弁 a の 2 枚をまたぐ位置に配置する。

花弁配置〈A・B 共通〉

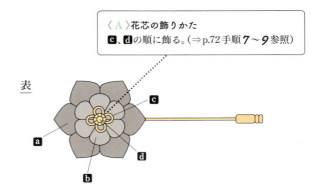

〈A〉花芯の飾りかた
c、d の順に飾る。（⇒ p.72 手順 7 〜 9 参照）

表

裏

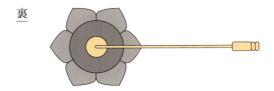

花芯〈B〉

〈B〉花芯の飾りかた
e を花の中央に飾る。

85

photo p.20
こでまりのブローチ
仕上がりサイズ　ブローチ 4×6cm〈花 直径4cm　葉 2cm〉

【材料】
花
- 布（一越ちりめん/絹）
  - a 1.5cm角 — 40枚
- 小半球土台
  - スチロール製半球 直径3cm — 1個
  - 台紙布 5cm角 — 1枚
  - 台紙 直径2.2cm — 2枚
- 花芯
  - c ビーズ 3mm — 6個

葉
- 布（一越ちりめん/絹）
  - b 5cm角 — 2枚

ブローチピン — 1個

【作りかた】
1. a をすべて丸つまみ（⇒p.52）でつまむ。小半球土台（⇒p.48）をつくり、中心に a の花弁を5枚配置して花をつくる。（図1）
2. 1 の花を中心にして5枚で1輪の花を5つ配置する。（図2）
3. 花と花のすき間を埋めるように花弁を10枚配置する。（図3）
4. それぞれの花の中央に花芯 c を飾る。
5. b を葉つまみ（⇒p.59）でつまむ。
6. 葉の根元にボンドをつけ、4 の裏に貼りつける。
7. 土台の中央にブローチピンを貼りつける。

point
配置後に花弁の大きさを調整することは難しいため、花弁はのり板の上でしっかりと形を整えてから小半球土台に配置する。

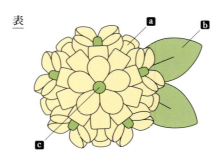

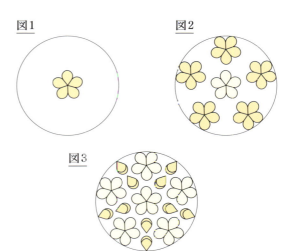

20 photo p.21
パンジーのブローチ
仕上がりサイズ　ブローチ 7 × 6cm 〈花 3.5 × 3.5cm　葉 3.5cm〉

【材料】
花
○ 布（一越ちりめん/絹）
　a 3.5cm角 — 3枚
　b 3cm角 — 2枚
　c 6cm角 — 1枚
○ ワイヤーつき丸土台
　台紙布 3cm角 — 1枚
　台紙下 直径1.9cm — 2枚
　台紙上 直径1.5cm — 1枚
　ワイヤー 24番 — 1本
○ 花芯
　d ドロップ型ビーズ 7×5mm — 1個

刺しゅう糸（6本取り） — 1本
アクリル絵の具 — 適量
ブローチピン — 1個

【作りかた】
1　a 2枚をハートつまみ（⇒p.56）、
　　a 1枚と b を扇つまみ（⇒p.55）、
　　c を葉つまみ（⇒p.59）でつまむ。
2　ワイヤーつき丸土台（⇒p.45）をつくり、
　　土台の上半分に a のハートつまみの
　　花弁を配置し、残りのスペースに
　　a と b の扇つまみを配置する。
3　ワイヤーを4.5cmにカットする。
　　ワイヤー全体にボンドをうすく塗り、
　　土台下から先端に向って
　　刺しゅう糸を巻きつける。
4　花にアクリル絵の具で
　　扇つまみの花弁に模様を描く。
5　絵の具が乾いたら、
　　花の中央に花芯 d を飾る。
6　葉の根元にボンドをつけ、
　　花の裏に貼りつける。
7　土台中央にブローチピンを貼りつける。

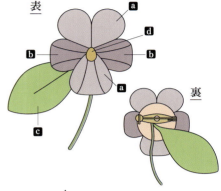

point
刺しゅう糸の巻きはじめと巻き終りは、必ずワイヤーにボンドを塗って巻きとめる。

---

 21 photo p.22
乙女つばきのロゼット
仕上がりサイズ　ロゼット 8 × 5cm 〈花 直径4.5cm〉

【材料】
花
○ 布（一越ちりめん/レーヨン）
　a 4cm角 — 12枚
　b 3.5cm角 — 6枚
　c 3cm角 — 8枚
○ 丸土台
　台紙布 5cm角 — 1枚
　台紙下 直径3.2cm — 2枚
　台紙上 直径2.5cm — 1枚
　リボン 6cm — 2本
○ 花芯
　d スワロフスキー 6mm — 1個
ブローチピン — 1個

【作りかた】
1　a を2枚丸つまみ（⇒p.54）、
　　b c を丸つまみ（⇒p.52）でつまみ、
　　乙女つばき（⇒p.64）をつくる。
2　花の中央に花芯 d を飾る。
3　土台中央にブローチピンを
　　貼りつける。

point
リボンは丸土台の台紙上と
台紙下の間に挟み込んで接着する。

23 黄色い花のネックレスとイヤリング

photo p.24

仕上がりサイズ　ネックレス長さ84cm〈花 直径5cm〉
　　　　　　　　イヤリング直径4cm

【材料】

〈ネックレス〉

花
- 布（羽二重/絹）
  3cm角 — 15枚
- 丸土台
  台紙布 3.5cm角 — 1枚
  台紙下 直径2.2cm — 2枚
  台紙上 直径1.9cm — 1枚
- 花芯
  a 座金 — 1個
  b パールビーズ 6mm — 1個
- チェーン
  c ケシパール 6mm — 60個
  d 淡水パール 5.5×6mm — 18個
  チェーン 2mm幅 — 10cm×2本
  アジャスターチェーン 3mm幅 — 6cm
  ヒキワ 6mm — 1個
  つぶし玉 3mm — 2個
  つぶし玉カバー — 1.5mm — 2個
  U字金具 5×4mm — 2個
  丸カン 0.6×3mm — 4個
  ナイロンコートワイヤー 0.3mm — 55cm
  すかしパーツ 29mm — 1個

〈イヤリング〉 2輪分
- 花（羽二重/絹）
  布 2.5cm角 — 16枚
- 丸土台
  台紙布 2.5cm角 — 2枚
  台紙下 直径1.5cm — 4枚
  台紙上 直径1.2cm — 2枚
- 花芯
  e すかしパーツ 1.5cm — 2個
  f パールビーズ 6mm — 2個

イヤリング金具（丸皿タイプ）— 2個

【作りかた】

〈ネックレス〉

1. 丸土台（⇒p.45）をつくり、裏にすかしパーツを接着する。
2. 布をすべて変形葉つまみ（⇒p.59）でつまむ。
   丸土台の1段目に花弁10枚、2段目に花弁5枚を配置して花をつくる。
3. 花の中央に花芯a bを飾る。
4. つぶし玉、U字金具の順にナイロンコートワイヤーを
   通したら、折り返して再びつぶし玉にワイヤーを通し、
   端を約3cmほど出す。ペンチでつぶし玉をしっかりとつぶし、
   余分なワイヤーの端をカットする。
   つぶし玉カバーをかぶせて閉じる。
5. 4のワイヤーにcとdを図のように通したら、
   ワイヤーの反対端も4と同様にする。
6. 丸カンでそれぞれのU字金具とチェーンをつなぐ。
7. チェーンの両端に丸カンを使って
   アジャスターとヒキワをつける。
8. 花のすかしパーツ部分を7の中央に丸カンでつける。

point
2段目に花弁を配置するとき、1段目の花弁2枚をまたぐ位置に配置する。

〈イヤリング〉

1. 布はすべて変形葉つまみでつまむ。丸土台をつくり、
   花弁を8枚配置する。
2. 花の中央に花芯e fを飾る。
3. 土台の中央にイヤリング金具を貼りつける。
4. もう片方のイヤリングも同様につくる。

point
花弁と花弁の間にすき間ができないように配置する。

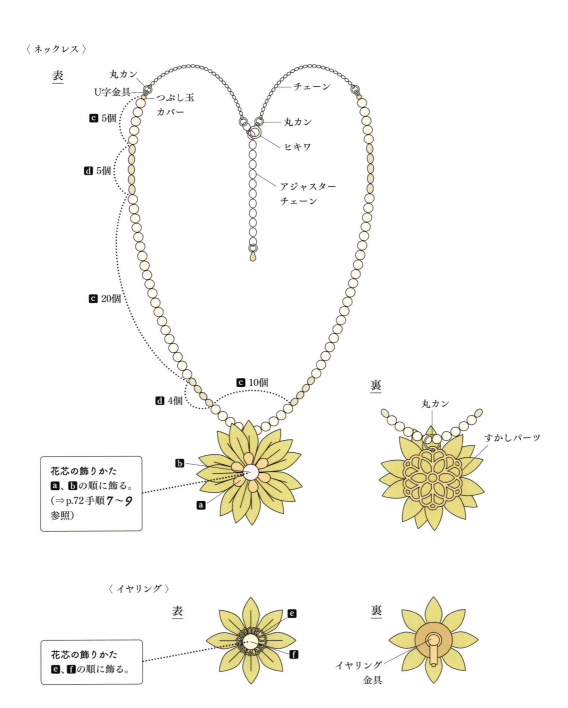

24 photo p.25
あじさいのリース

仕上がりサイズ　リース直径 18cm

〈花大 直径 4cm　花小 直径 3.5cm　葉大 5×3cm　葉小 3×3cm〉

【材料】

花大　6輪分
- 布（羽二重/絹）
  3.5cm角 — 24枚
- ワイヤーつき丸土台
  台紙下 直径1.9cm — 12枚
  台紙上 直径1.9cm — 6枚
  ワイヤー 24番 — 6本
  アクリル絵の具（青）
- 花芯
  a パールビーズ 6mm — 6個

花小　12輪分
- 布（羽二重/絹）
  3cm角 — 48枚
- ワイヤーつき丸土台
  台紙下 直径1.5cm — 24枚
  台紙上 直径1.5cm — 12枚
  ワイヤー 24番 — 12本
  アクリル絵の具（青）
- 花芯
  b パールビーズ 5mm — 12個

葉大　4本分
- 布（羽二重/絹）
  c 5cm角 — 4枚
  d 4cm角 — 8枚
  e 3.5cm角 — 8枚
- ワイヤーつき葉土台
  台紙下 直径1.5cm — 16枚
  台紙上 直径1.5cm — 8枚
  ワイヤー 24番 — 4本
  アクリル絵の具（緑）

葉小 2本分
- 布（羽二重/絹）
  f 4.5cm角 — 2枚
  g 4cm角 — 4枚
- ワイヤーつき丸土台
  台紙下 直径1.5cm — 4枚
  台紙上 直径1.5cm — 2枚
  ワイヤー 24番 — 2本
  アクリル絵の具（緑）

リース土台（⇒ p.50）
ワイヤー 18番 — 45cm×3本
フローラルテープ 太幅/細幅 — 各適量
糸（ポリエステル） — 適量

【作りかた】

1. 花の布はすべて扇つまみ（⇒ p.55）、葉の布はすべて葉つまみ（⇒ p.59）でつまむ。
2. あじさいの花（大・小）に使用するワイヤーつき丸土台は、p.45の丸土台のように台紙布で台紙下をくるまず、台紙下2枚、台紙上1枚を貼り合わせてつくる。土台の裏側は、アクリル絵の具（青）で塗る。
3. 2の土台（大・小）の上に花弁をそれぞれ4枚ずつ配置して花をつくる。花弁と花弁の間から見える土台部分はカットする。花の中央に花芯を飾る。
4. ワイヤーつき葉土台（⇒ p.46）をつくり、花弁を配置して葉をつくる。
5. 花の大3輪と小6輪を1つに組んでcの花束をつくる。まず中心にくる大2輪と小1輪の花のワイヤーに角度をつけ、1つにまとめて糸で巻く。残りの花は全体のバランスを見ながら花束に1輪ずつ足していき、その都度糸で巻いて固定する。
6. リース土台のA地点から、時計回りの順（A→O）に花と葉のワイヤーを土台に巻きつけ、さらにその上からフローラルテープを巻く。

point
手順5のcの花束のつくりかたは、七五三飾りピン（⇒ p.81 手順3〜8）を参考にするとよい。

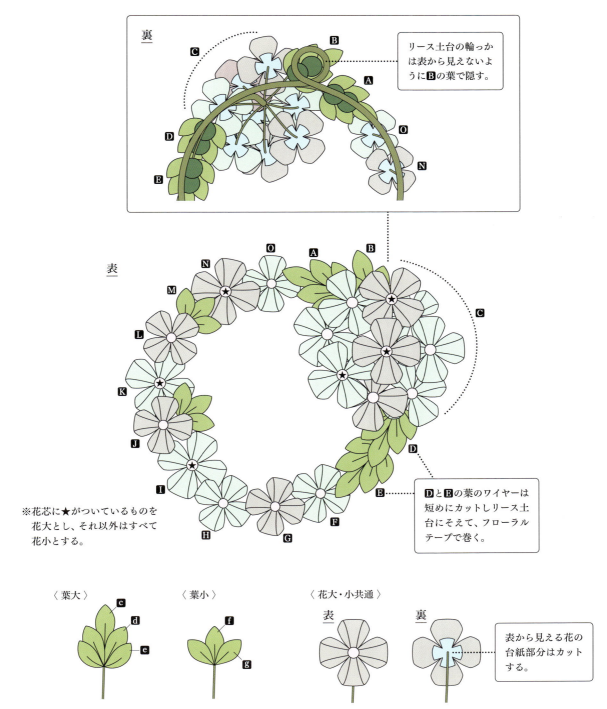

25 photo p.26
2段花の帯留め

仕上がりサイズ　帯留め3×9cm〈花 直径3cm　葉3×3cm〉

【材料】
花
○ 布（羽二重/絹）
　ⓐ 2.5cm角 — 12枚
　ⓑ 2cm角 — 6枚
○ 丸土台
　台紙布 3cm角 — 1枚
　台紙下 直径1.9cm — 2枚
　台紙上 直径1.5cm — 1枚
○ 花芯
　ラインストーン6㎜ — 1個

葉　2つ分
○ 布（羽二重/絹）
　ⓒ 4cm角 — 2枚
　ⓓ 3.5cm角 — 4枚
　ⓔ 3cm角 — 4枚
○ 葉土台
　台紙下 直径1.2cm — 8枚
　台紙上 直径1.2cm — 4枚

帯留め用台紙布 6×1.5cm — 1枚
帯留め用台紙 5.5×1cm — 3枚
帯留め金具 8×3.5cm — 1個

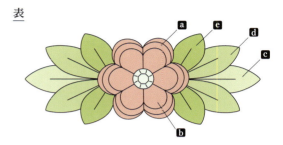

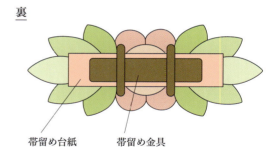

【作りかた】
1　ⓐを2枚丸つまみ(⇒p.54)、ⓑを丸つまみ(⇒p.52)でつまむ。
　　丸土台(⇒p.45)をつくり、ⓐの花弁を1段目、
　　ⓑの花弁を2段目に配置して花をつくる。
　　花の中央に花芯を飾る。
2　ⓒⓓⓔを葉つまみ(⇒p.59)でつまむ。
　　葉土台(⇒p.46)をつくり、花弁を配置する。
3　帯留め台紙をすべて貼り合わせ、台紙布でくるむ。
4　3の両端に2の葉を貼り、中央に1の花を貼りつける。
5　4に帯留め金具を貼りつける。

point
花弁ⓑは花弁ⓐの中にきれいにおさまるように、
のり板の上で形を調えてから配置する。

photo p.27
あせびと寒菊のコーム

仕上がりサイズ　コーム 12×10㎝　〈花 直径5㎝　さがり6㎝　葉3×3㎝〉

【材料】
花
- 布（一越ちりめん/絹）
  - a 2㎝角 — 48枚
  - b 3㎝角 — 8枚
  - c 2.5㎝角 — 8枚
- 小半球土台
  - スチロール球 直径3㎝ — 1個
  - 台紙布 5㎝角 — 1枚
  - 台紙下 直径2.2㎝ — 2枚
  - ワイヤー 24番 — 1本
- 花芯
  - e 座金 — 1個
  - f スワロフスキー 6㎜ — 1個
- その他
  - 唐打ち紐 — 9㎝×4本

葉　2組分
- 布（羽二重/絹）
  - d 4.5㎝角 — 4枚
- ワイヤーつき丸土台
  - 台紙布 2.5㎝角 — 2枚
  - 台紙下 直径1.5㎝ — 4枚
  - 台紙上 直径1.2㎝ — 2枚
  - ワイヤー 24番 — 2本
  - アクリル絵の具（緑）

丸カン 5㎜ — 4個
フローラルテープ 細幅 — 適量
コーム（15山）— 1個

1段目（白色）に花弁8枚を配置したら、2段目（黄色）の花弁は1段目の花弁と花弁の間に差し込むように配置する。3段目（橙色）は2段目の花弁と花弁の間に2枚差し込み、4段目（赤色）は3段目の間に1枚と2枚の下からのぞく位置に差し込む。

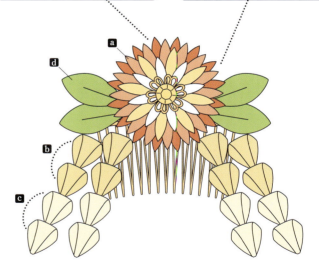

※イラストは花弁の位置と個数を見やすくするために色を変えています。

【作りかた】
1. 小半球土台（⇒p.48）をつくる。土台をメジャーではかり、中心に印をつける。
2. a をすべて剣つまみ（⇒p.57）でつまみ、小半球土台に配置する。花の中央に花芯 e f を飾る。
3. b c を扇つまみ（⇒p.55）でつまみ、唐打ひもに貼る。
4. ワイヤーつき丸土台（⇒p.45）をつくり、丸カン用の穴を2か所あける。
5. d を葉つまみ（⇒p.59）でつまみ、4の丸土台に配置する。
6. 2と5をコームに組み（⇒p.74）。葉土台と3を丸カンでつなぐ。

28 photo p.29
さくらの花かんざし

仕上がりサイズ　かんざし 25×15cm 〈花大 3cm　花小 2.5cm　葉 3×2cm　さがり 15cm〉

【材料】

花大　8輪分
- 布（羽二重/絹）
  - ⓐ 布 3cm角 — 80枚
- ワイヤーつき丸土台
  - 台紙布 3cm角 — 8枚
  - 台紙下 直径2.2cm — 16枚
  - 台紙上 直径1.9cm — 8枚
  - 24番ワイヤー — 8本
- 花芯
  - 素玉ヘップ　64本

花小　4輪分
- 布（羽二重/絹）
  - ⓑ 2.5cm角 — 40枚
- ワイヤーつき丸土台
  - 台紙布 3cm角 — 4枚
  - 台紙下 直径1.9cm — 8枚
  - 台紙上 直径1.5cm — 4枚
  - 24番ワイヤー — 4本
- 花芯
  - 素玉ヘップ　24本

葉　6本分
- 布（羽二重/絹）
  - ⓒ 2.5cm角 — 36枚
  - ⓓ 2cm角 — 24枚
- ワイヤーつき菱形土台
  - 台紙布 2cm角 — 6枚
  - 台紙下 1.8×1.4cm — 12枚
  - 台紙上 1.4×1cm — 6枚
  - 24番ワイヤー — 6本

さがり　3本分
- 布（羽二重/絹）
  - ⓔ 2.5cm角 — 42枚
- その他
  - 唐打ひも — 18cm×3本
  - Tピン 5×20mm — 3本
  - パールビーズ 直径8mm — 3個

くまで
- ワイヤー
  - 24番ワイヤー — 3本

アクリル絵の具（ピンク・黄）
糸（ポリエステル）— 適量
かんざし金具 — 1本

【作りかた】

1. ⓐⓑを2枚へこみつまみ（⇒p.54）でつまみ、さくらの花（⇒p.62）をつくる。
2. ⓒⓓを2枚剣つまみ（⇒p.58）でつまむ。ワイヤーつき菱形土台（⇒p.46）をつくり、ⓒⓓの花弁を配置する。
3. さくらの花（大3輪、小3輪）と葉（6本）をそれぞれ2本1組に組む。葉のワイヤーは土台下から1.8cmの位置にL字の角度をつけたら、さくらの花の土台下に重ねて糸で巻きとめる。これを6組つくる。
4. かんざしの組み上げかた（⇒p.78手順 3～13）を参考にし、かんざしを1つに組み上げる。まず大の花3輪はそれぞれのワイヤーを花の土台下から2cmの位置に角度をつけ、1つに束ねて糸で巻く。
5. 大の花2輪と小の花1輪をそれぞれ土台下から3cmの位置に角度をつけ、全体が丸い花の束になるよう 4 に1輪ずつ組んで、その都度糸で巻いて固定する。
6. 3 は花の土台下から4cmの位置に角度をつけ、5 を囲むように1組ずつ組み合わせ、糸で巻いて固定する（糸は切らずに残しておく）。
7. くまでをつくり、6 と組み合わせる。さらにかんざし金具と組み合わせ、糸で巻きとめる。（⇒p.79手順 14～21）
8. さがりをつくる。唐打ひもの上部に輪をつくり、折り返し部分を貼りつける。Tピンを通したパールビーズを下部に通し、上部同様に折り返し部分を貼りつける。（図1）
9. ⓔを丸つまみ（⇒p.52）でつまむ。8 の唐打ひもに花弁ⓔを7枚等間隔に貼り、さらに対となる位置に残りの花弁7枚を貼る。（図2）
10. くまでに 9 を掛け、花の角度を整える。

94

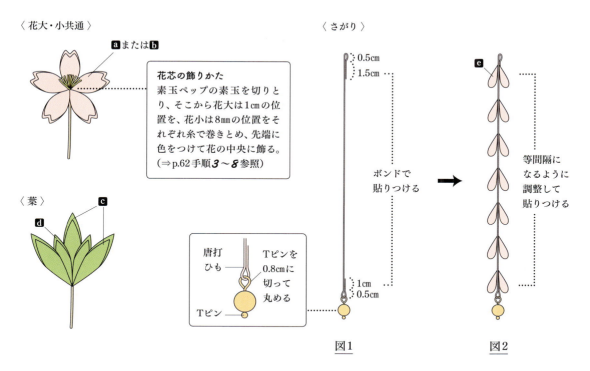

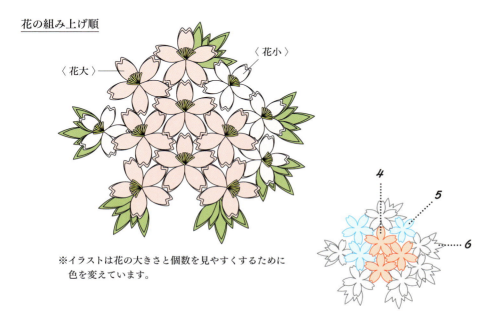

30 photo p.32
成人式の花かんざし

仕上がりサイズ　かんざし大 27 × 11cm〈花大 3.5cm　花中 3cm　花小 3cm　さがり 15cm〉

【材料】
〈かんざし大〉

花大　1輪分
○布（羽二重／絹）
　a 3cm角 — 12枚
　b 2.5cm角 — 6枚
　c 2cm角 — 6枚
○ワイヤーつき丸土台
　台紙布 3cm角 — 1枚
　台紙下 直径2.2cm — 2枚
　台紙上 直径1.9cm — 1枚
　24番ワイヤー — 1本
○花芯
　ビーズ 5mm — 1個

花中　6輪分
○布（羽二重／絹）
　d 2.5cm角 — 72枚
　e 2cm角 — 36枚
○ワイヤーつき丸土台
　台紙布 3cm角 — 6枚
　台紙下 直径2.2cm — 12枚
　台紙上 直径1.9cm — 6枚
　24番ワイヤー — 6本
○花芯
　ラインストーン 5mm — 6個

花小　6輪分
○布（羽二重／絹）
　f 2.5cm角 — 72枚
○ワイヤーつき丸土台
　台紙布 3cm角 — 6枚
　台紙下 直径1.9cm — 12枚
　台紙上 直径1.5cm — 6枚
　24番ワイヤー — 6本
○花芯
　ビーズ 5mm — 6個

さがり　3本分
○布（羽二重／絹）
　g 2.5cm角 — 42枚
○その他
　唐打ひも — 18cm×3本
　Tピン 5×20mm — 3本
　パールビーズ 直径8mm — 3個

くまで
○ワイヤー
　24番ワイヤー — 3本

糸（ポリエステル）— 適量
かんざし金具 — 1本

【作りかた】
1　a d f を2枚丸つまみ（⇒p.54）、b c e を丸つまみ（⇒p.52）でつまむ。
　　ワイヤーつき丸土台（⇒p.45）をつくり、それぞれ花弁を配置して花をつくる。花の中央に花芯を飾る。
2　すべての花を1つに組みあげる（⇒p.78手順 3〜13）。
　　花中2輪のワイヤーはそれぞれ土台下から2.5cmの位置に角度をつける。
　　つぎに花大の土台下2cmの位置に花中2輪のワイヤーの角を組み合わせて糸で巻く。
3　花中4輪のワイヤーは土台下から2.5cmの位置に角度をつけ、
　　全体が丸い花の束になるよう 2 に1輪ずつ組んで、その都度糸で巻いて固定する。
4　花小6輪のワイヤーは土台下から3cmの位置に角度をつけ、
　　花中の花と花の間に1本ずつ組み合わせながら、糸で巻いて固定する（糸は切らずに残しておく）。
5　くまでをつくり、4 と組み合わせる。さらにかんざし金具と組み合わせ、
　　糸で巻きとめる（⇒p.79手順 14〜15）。
6　さがりをつくる。唐打ひもの上部に輪をつくり、折り返し部分を貼りつける。
　　Tピンを通したパールビーズを下部に通し、上部同様に折り返し部分を貼りつける。（⇒p.95図1）
7　g を丸つまみでつまむ。6 の唐打ひもに花弁 g を7枚等間隔に貼り、
　　さらに対となる位置に残りの花弁7枚を貼る。
8　5 のくまでに 7 を掛け、花の角度を整える。

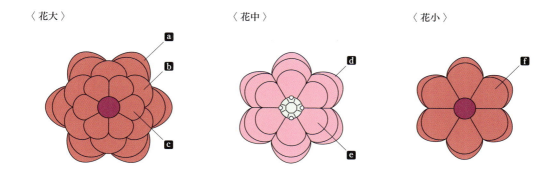

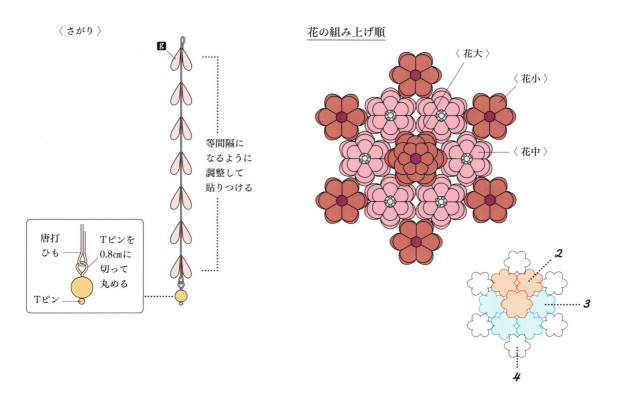

97

30 成人式の飾りピン photo p.32

仕上がりサイズ　かんざし小 11 × 10cm〈花はすべてかんざし大に同じ〉　Ｕピン 7cm〈花 — 直径 3cm〉

【材料】
〈かんざし小〉
花大　1輪分
◯布（羽二重/絹）
　ⓐ 3cm角 — 12枚
　ⓑ 2.5cm角 — 6枚
　ⓒ 2cm角 — 6枚
◯ワイヤーつき丸土台
　台紙布 3cm角 — 1枚
　台紙下 直径2.2cm — 2枚
　台紙上 直径1.9cm — 1枚
　24番ワイヤー — 1本
◯花芯
　ビーズ 5mm — 1個

花中　3輪分
◯布（羽二重/絹）
　ⓓ 2.5cm角 — 36枚
　ⓔ 2cm角 — 18枚
◯ワイヤーつき丸土台
　台紙布 3cm角 — 3枚
　台紙下 直径2.2cm — 6枚
　台紙上 直径1.9cm — 3枚
　24番ワイヤー — 3本
◯花芯
　ラインストーン 5mm — 3個

花小　2輪分
◯布（羽二重/絹）
　ⓕ 2.5cm角 — 24枚
◯ワイヤーつき丸土台
　台紙布 3cm角 — 2枚
　台紙下 直径1.9cm — 4枚
　台紙上 直径1.5cm — 2枚
　24番ワイヤー — 2本
◯花芯
　ビーズ 5mm — 2個

糸（ポリエステル） — 適量
銀ビラ 15枚ビラ — 1本
かんざし金具 — 1本

【作りかた】
1. ⓐⓓⓕは2枚丸つまみ（⇒p.54）、ⓑⓒⓔは丸つまみ（⇒p.52）でつまむ。ワイヤーつき丸土台（⇒p.45）をつくり、それぞれの花弁を配置して花をつくる。花の中央に花芯を飾る。
2. 花と銀ビラをすべて1つに組み上げる（⇒p.81手順 **3**〜**10**）。まず、花大1輪と花中2輪のワイヤーをそれぞれ土台下から3cmの位置に角度をつけ、1つに束ねて糸で巻く。
3. 花中1輪のワイヤーを土台下から2.5cmの位置に角度をつけ、**2**の花大の上に組み、糸を巻きつける。
4. 花小2輪のワイヤーをそれぞれ土台下から2.5cmの位置に角度をつけ、**3**の花中を挟むように1輪ずつ組んで、その都度糸で巻いて固定する（糸は切らずに残しておく）。
5. 銀ビラの根元をL字に折り曲げて**4**と組み合わせ、残しておいた糸を2.5cmの位置まで巻き、糸を切って糸端をボンドでとめる。余分なワイヤーを切り、かんざし金具と組んで糸で巻きとめる（⇒p.79手順 **18**〜**21**）。
6. 全体のバランスを見て花の位置や角度を整える。

point
花小は花中より、やや後ろ気味の位置に組むと、かんざしに立体感が出て仕上がりが美しい。

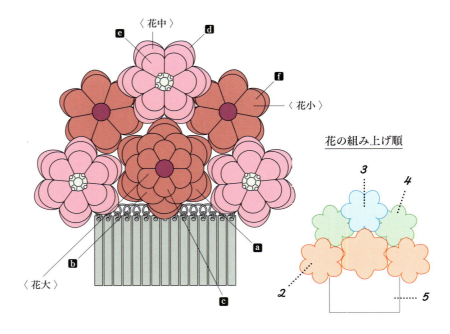

【材料】
〈Uピン〉
花中 2輪分
○ 布(羽二重/絹)
　　d 2.5cm角 — 24枚
　　e 2cm角 — 12枚
○ ワイヤーつき丸土台
　　台紙布 3cm角 — 2枚
　　台紙下 直径2.2cm — 4枚
　　台紙上 直径1.9cm — 2枚
　　24番ワイヤー — 2本
○ 花芯
　　ラインストーン 5mm — 2個

フローラルテープ 細幅 — 適量
Uピン — 2本

【作りかた】
1　d は2枚丸つまみ、e は丸つまみでつまむ。
　　ワイヤーつき丸土台をつくり、d の花弁を1段目、e の花弁を
　　2段目に配置して花をつくる。花の中央に花芯を飾る。
2　ワイヤーをUピンの頭から足に向かって4〜5回巻きつけ、
　　その上からフローラルテープを巻く。

point
花中のワイヤーはUピンに巻きつけた後、フローラルテープで
しっかりと固定し、ぐらつかないようにする。

表
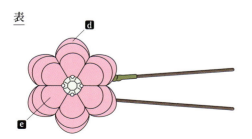

裏
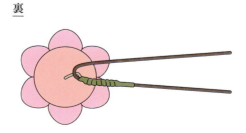

photo p.34

ぽち袋飾り

仕上がりサイズ　梅 7×5cm　鶴 8×6cm　亀 4×5cm

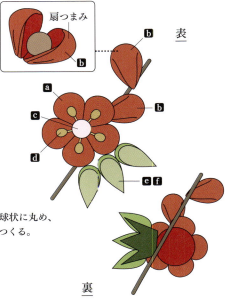

【材料】
〈梅〉
花、つぼみ
○ 布（一越ちりめん/レーヨン）
　ⓐ 3cm角 ― 5枚
　ⓑ 3cm角 ― 4枚
○ 丸土台
　台紙布 3cm角 ― 1枚
　台紙下 直径1.9cm ― 2枚
　台紙上 直径1.5cm ― 1枚
○ 花芯
　ⓒ パールビーズ 8mm ― 1個
　ⓓ 金ペップ ― 3本 ※ⓓは上下1cmほどに切ったペップを5本使用する。

葉
○ 布（羽二重/絹）
　ⓔ 3cm角 ― 3枚
　ⓕ 3cm角 ― 3枚
○ 葉土台
　台紙（⇒p.111） ― 2枚
○ その他
　22番ワイヤー 7cm ― 1本
　フローラルテープ（茶） ― 適量
　ティッシュペーパー ― 適量

【作りかた】
1. ⓐと花芯ⓒⓓで梅の花をつくる。(⇒p.72)
2. ⓑはすべて扇つまみ（⇒p.55）でつまむ。ティッシュペーパーをちぎり、小さな球状に丸め、フローラルテープで巻く。それを扇つまみ2枚で挟み、貼り合わせてつぼみをつくる。
3. 葉土台は型紙を画用紙に2枚トレースし、貼り合わせる。
4. ⓔⓕを2枚丸つまみ（⇒p.54）でつまみ、3の上に配置する。
5. 22番ワイヤーにフローラルテープを巻きつけて枝をつくり、梅、つぼみ、葉をボンドで貼りつける。

【材料】
〈亀〉
○ 布（一越ちりめん/レーヨン）
　ⓐ 3cm角 ― 3枚
　ⓑ 2.5cm角 ― 2枚
　ⓒ 2cm角 ― 1枚
○ 亀土台
　台紙布 4.5cm角 ― 1枚
　台紙（⇒p.111） ― 3枚
　化粧用コットン ― 1枚
○ 目
　ⓓ ビーズ ― 2個
○ その他
　22番ワイヤー ― 10cm
　刺しゅう糸（金） ― 1～2本

【作りかた】
1. 台紙をすべて型紙の大きさに切り、貼り合わせる。
2. 1の上に化粧用コットンを貼り、台紙の形に沿って余分な部分を切り取る。
3. 2の化粧用コットンの面に台紙布を貼りつける。
4. 台紙から5～7mm外側の余分な布を切り取り、布の外周に切込みを入れる。
5. 台紙の縁側にボンドを塗り、切込みを入れた台紙布を折り込む。
6. 22番ワイヤーの全体にボンドを薄く塗り、刺しゅう糸を隙間なく巻きつけて乾かす。
7. 6のワイヤーを六角形に折り曲げ、余分なワイヤーは切る。
8. 7にボンドをつけ、5の中央に配置する。7で残ったワイヤーは短く切って六角形の角にそれぞれ貼りつける。
9. 亀の顔と手足をつくる。ⓐ1枚を扇つまみ（⇒p.55）でつまみ、残りのⓐ2枚とⓑⓒはすべて変形葉つまみ（⇒p.59）でつまむ。
10. 亀の顔と手足を甲羅（台紙）の裏側から貼りつける。
11. ボンドをつけたビーズを亀の目に見えるように、顔に貼る。

【材料】
〈鶴〉
○ 布（一越ちりめん/絹）
　ａ 1.5cm角 — 1枚
　ｂ 2.5cm角 — 14枚
　ｃ 3cm角 — 14枚
　ｄ 2.5cm角 — 5枚
○ 半月土台
　台紙布 直径5cm（半円分）— 1枚
　台紙下 直径4.4cm（半円分）— 3枚
　台紙上 直径4cm（半円分）— 1枚

○ その他
　22番ワイヤー — 15cm
　フローラルテープ（黒）— 適量
　ティッシュペーパー — 適量
　リリアン（白）— 60cm
　都ひも（金）— 9cm
　※都ひもはリリアンでも代用可能。

【作りかた】
1　22番ワイヤーの先端にフローラルテープを巻きつけ、くちばしをつくる。
2　2cm幅の短冊状に割いたティッシュペーパーをワイヤーに巻きつけて肉づけし、その上からリリアンを巻きつける。リリアンを巻きつけたワイヤー部分を、鶴の首に見立ててなだらか曲線に形づくり、余ったワイヤーは渦巻き状に丸める。
3　半月土台（⇒p.47）をつくり、2と半分に折った都ひもを台紙下に貼りつけ、さらに上から台紙上を貼り合わせる。
4　ａはハートつまみ（⇒p.56）でつまみ、鶴の頭に貼りつける。
5　鶴の羽をつくる。ｂは丸つまみ（⇒p.52）、ｃｄは剣つまみ（⇒p.57）でつまみ、3の台紙に配置する。

point
羽を配置する際、1段目の花弁ｂのくぼみ部分に2段目の花弁ｂの先端を差し込んだら、
次に1段目の花弁と花弁の間に2段目の花弁を差し込む。
この作業をくり返しながら、すき間なく配置する。

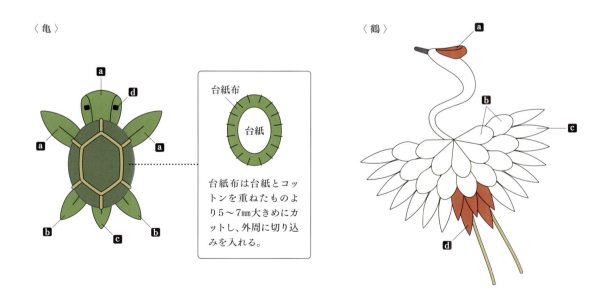

〈亀〉

台紙布
台紙

台紙布は台紙とコットンを重ねたものより5〜7mm大きめにカットし、外周に切り込みを入れる。

〈鶴〉

32 photo p.35
ご祝儀袋飾り

仕上がりサイズ　ご祝儀袋飾り 11 × 12cm 〈鶴 8 × 6cm　梅 直径3cm　松 2.5 × 4cm〉

【材料】

鶴
- 布（一越ちりめん/絹）
  - ⓐ 1.5cm角 — 1枚
  - ⓑ 2.5cm角 — 14枚
  - ⓒ 3cm角 — 14枚
  - ⓓ 2.5cm角 — 5枚
- ワイヤーつき半月土台
  - 台紙布 直径5cm（半円）— 1枚
  - 台紙下 直径4.4cm（半円）— 3枚
  - 台紙上 直径4cm（半円）— 1枚
  - 24番ワイヤー — 1本
- その他
  - 22番ワイヤー — 15cm
  - フローラルテープ（黒）— 適量
  - ティッシュペーパー — 適量
  - リリアン（白）— 60cm
  - 都ひも（金）— 9cm

松　2本分
- 布（一越ちりめん/レーヨン）
  - ⓔ 3cm角 — 14枚
- ワイヤーつき半月土台
  - 台紙布 3.5cm — 2枚
  - 台紙下 直径2.5cm（半円）— 6枚
  - 台紙上 直径2.1cm（半円）— 2枚
  - 24番ワイヤー — 2本
- その他
  - 22番ワイヤー — 10cm × 2本
  - 刺しゅう糸（金）— 適量

梅　3輪分
- 布（羽二重/絹）
  - ⓕ 2.5cm角 — 30枚
- ワイヤーつき丸土台
  - 台紙布 3cm角 — 3枚
  - 台紙下 直径1.9cm — 6枚
  - 台紙上 直径1.5cm — 3枚
  - 24番ワイヤー — 3本
- 花芯
  - ⓖ 金ペップ — 8本
  - ⓗ 爪つきラインストーン 5㎜ — 3個
- コサージュ土台（⇒p.51）
  - 台紙布 4.5cm角 — 2枚
  - 台紙下 直径3.5cm — 4枚
  - 台紙上 直径3.5cm — 2枚

糸（ポリエステル）— 適量

【作りかた】

1. 鶴（⇒p.101）をつくる。
2. 松をつくる。ⓔはすべて剣つまみでつまむ。
   ワイヤーつき半月土台（⇒p.47）をつくり、花弁を配置する。
3. 22番ワイヤーの全体にボンドを薄く塗り、刺しゅう糸を隙間なく巻きつけて乾かす。
4. *3*の真ん中で折り曲げ輪っかを4つつくり、松の中央にボンドで貼りつける。
5. 2枚丸つまみの梅（⇒p.72）をつくる。
6. 梅と松を組む。松のワイヤーを土台下から1.8cmの位置でL字の角度をつけ、梅と組み合わせて糸で固定する。さらに松と組んだ梅の土台下から2.5cmの位置に角度をつける（⇒p.78手順*3*〜*6*）。同様に組んだものをもう1組つくる。
7. 残りの梅も土台下から2.5cmの位置に角度をつけ、*6*と束ね、糸で巻きとめる（⇒p.79手順*7*〜*8*）。
8. 鶴のワイヤーは土台下から3.5cmの位置に角度をつけ、*7*と束ねて糸で巻きとめコサージュ土台（⇒p.51手順*7*〜*11*）の要領で台紙を貼り合わせる。

point
鶴は梅と松にくらべ少し高い位置に組むと、飾り全体に立体感が出て仕上がりが美しい。

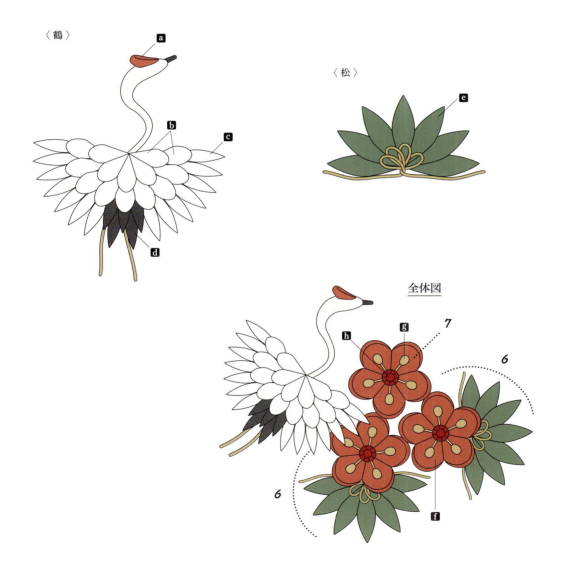

33 photo p.36
婚礼白かんざし

仕上がりサイズ　34×16cm 〈花イ 直径4cm　花ロ 直径3.5cm　花ハ 直径3cm
花ニ 直径4.5cm　ホ 5×8cm　さがり20cm〉

【材料】

花〈イ〉　1輪分
- 布（羽二重/絹）
  - a 3cm角 — 6枚
  - b 2cm角 — 6枚
- ワイヤーつき丸土台
  - 台紙布 3cm角 — 1枚
  - 台紙下 直径1.9cm — 2枚
  - 台紙上 直径1.5cm — 1枚
  - 24番ワイヤー — 1本
- 花芯
  - スワロフスキー 8mm — 1個

花〈ロ〉　3輪分
- 布（一越ちりめん/絹）
  - c 3cm角 — 18枚
  - d 2.5cm角 — 18枚
  - e 2cm角 — 18枚
- ワイヤーつき丸土台
  - 台紙布 3cm角 — 3枚
  - 台紙下 直径2.2cm — 6枚
  - 台紙上 直径1.9cm — 3枚
  - 24番ワイヤー — 3本
- 花芯
  - 白パールヘップ — 21本

花〈ハ〉　3輪分
- 布（羽二重/絹）
  - f 2.5cm角 — 36枚
  - g 2cm角 — 18枚
- ワイヤーつき丸土台
  - 台紙布 3cm角 — 3枚
  - 台紙下 直径1.9cm — 6枚
  - 台紙上 直径1.5cm — 3枚
  - 24番ワイヤー — 3本
- 花芯
  - スワロフスキー 5mm — 3個

花〈ニ〉　3輪分
- 布（羽二重/絹）
  - h 3.5cm角 — 18枚
  - i 3cm角 — 18枚
- ワイヤーつき丸土台
  - 台紙布 3cm角 — 3枚
  - 台紙下 直径1.9cm — 6枚
  - 台紙上 直径1.5cm — 3枚
  - 24番ワイヤー — 3本

〈ホ〉　3本分
- 布（一越ちりめん/絹）
  - j 2.5cm角 — 42枚
  - k 3cm角 — 51枚
- ワイヤーつき半月土台
  - 台紙布 直径5cm（半円）— 3枚
  - 台紙下 直径4.4cm（半円）— 9枚
  - 台紙上 直径3.3cm（半円）— 3枚
  - 24番ワイヤー — 3本

さがり　4本分
- 布（一越ちりめん/絹）
  - l 2.5cm角 80枚
- その他
  - 唐打ひも — 23cm×4本
  - パールビーズ 直径8mm — 4個
  - Tピン 5×20mm — 4本

くまで
- ワイヤー
  - 24番ワイヤー — 4本

糸（ポリエステル）— 適量
かんざし金具 — 1本

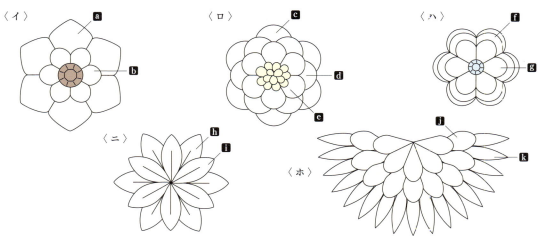

【作りかた】

1. **a**はとんがりつまみ（⇒p.56）、**b c d e g**は丸つまみ（⇒p.52）、**f**は2枚丸つまみ（⇒p.54）、**h i**は葉つまみ（⇒p.59）でつまむ。
   それぞれのワイヤーつき丸土台（⇒p.45）をつくり、花弁を配置して花芯を飾る。

2. ホは**j**を丸つまみ、**k**を剣つまみ（⇒p.57）でつまむ。ワイヤーつき半月土台（⇒p.47）をつくり、
   鶴のつくりかた（⇒p.101）を参考に花弁を配置する。

3. 花ハとホをそれぞれ1輪ずつ組み合わせる。ホのワイヤーは3本ともすべて土台下から
   1.8cmの位置をL字に折り曲げ、ハと組み合わせて糸で巻きとめる。

4. イ〜ホをすべて1つに組み上げる（⇒p.78手順 *3〜13*）。まず、花ロのワイヤーを
   3輪をすべて土台下から3cmの位置に角度をつけ、花イを中心に組み合わせて糸で巻く。

5. *4* のロとロの間に *3* を1組ずつ組んで、その都度糸で巻いて固定する。

6. 花ニのワイヤーは3輪ともすべて土台下から3.5cmの位置に角度をつけ、
   5 のロの下からのぞく位置に1輪ずつ組み合わせ、その都度糸で巻いて固定する。

7. くまをつくる（⇒p.79手順 *14〜17*）。ワイヤーを先端から0.7㎜、3.5㎜の位置で曲げたものと0.7㎜、3.8㎜の位置で
   曲げたものをそれぞれ2本ずつつくり、3.5㎜の2本が中央になるように組み合わせたら糸を巻きとめる。
   6 にくまでを組み合わせ、糸で巻きとめたらさらにくまでの組み位置から下に向かって
   2.5cmの位置まで糸で巻きとめ、余分なワイヤーを切る。

8. かんざし金具に *7* を組み合わせ、糸でまきとめる（⇒p.79手順 *18〜21*）。

9. さがりをつくる。唐打ひもの上部に輪をつくり、折り返し部分を貼りつける。
   Tピンを通したパールビーズを下部に通し、上部同様に折り返し部分を貼りつける。（⇒p.95図1）

10. **l**を丸つまみでつまむ。*9* の唐打ひもに花弁1を10枚間隔に貼り、さらに対となる位置に残りの花弁10枚を貼る。

11. *10* をくまでに引っ掛ける。全体のバランスを見ながらワイヤーの位置や角度を整える。

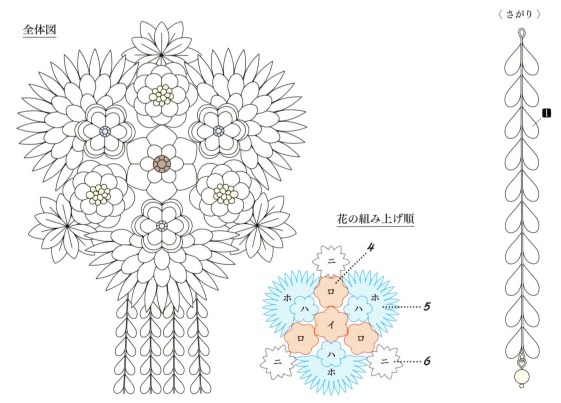

全体図

花の組み上げ順

〈さがり〉

photo p.38
ウェディングカチューシャとイヤリング

仕上がりサイズ　カチューシャ 11×22cm〈花イ 直径5cm　花ロ 直径4cm　花ハ 直径3cm
　　　　　　　　花ニ 直径6cm　葉 5×2.5cm〉　イヤリング〈花 直径2.5cm　葉 2.5×2cm〉

【材料】

〈ウェディングカチューシャ〉

花〈イ〉 2輪分
- 布(羽二重/絹)
  - ⓐ 3.5cm角 — 12枚
  - ⓑ 2.5cm角 — 12枚
- 土台
  台紙 直径1.9cm — 4枚
- 花芯
  - ⓒ パールビーズ 3mm — 14個
  - ⓓ スワロフスキー 6mm — 2個
  - テグス — 適量

花〈ロ〉 2輪分
- 布(羽二重/絹)
  - ⓔ 3cm角 — 12枚
- 土台
  台紙 直径1.5cm — 4枚
- 花芯
  - ⓕ チェコビーズ 3mm — 14個
  - テグス — 適量

花〈ハ〉 2輪分
- 布(羽二重/絹)
  - ⓖ 2.5cm角 — 12枚
- 土台
  台紙 直径1.2cm — 4枚
- 花芯
  - ⓗ 座金 — 2個
  - ⓘ パールビーズ 6mm — 2個

花〈ニ〉 1輪分
- 布(羽二重/絹)
  - ⓙ 3.5cm角 — 8枚
  - ⓚ 3cm角 — 12枚
  - ⓛ 3cm角 — 2枚
- 土台
  台紙 直径4.2cm — 2枚
- 花芯
  - ⓜ スワロフスキー 8mm — 1個

葉 2本分
- 布(羽二重/絹)
  - ⓝ 3cm角 — 10枚
  - ⓛ 5cm×6mm — 2枚
- 22番ワイヤー — 5cm×2本

カチューシャ7mm幅 — 1個
両面テープ — 適量
サテンリボン(白) 1cm幅 — 100cm
補強布 1.5×3cm — 4枚
レース1 4cm幅 — 適量
レース2 5cm幅 — 適量

カチューシャ土台
台紙下布 — 1枚
台紙上布 — 1枚
台紙下(⇒p.111) — 2枚
台紙上(⇒p.111) — 2枚

〈イヤリング〉

花 2輪分
- 布(羽二重/絹)
  - ⓐ 2cm角 — 12枚
- 土台
  台紙布 2cm角 — 2枚
  台紙下 直径1.2cm — 4枚
  台紙上 直径1cm — 2枚
- 花芯
  爪つきラインストーン 4mm — 2個

葉 2本分
- 布(羽二重/絹)
  - ⓑ 2cm角 — 6枚
  - ⓒ 5cm×6mm — 2枚
- 22番ワイヤー — 5cm×2本

丸皿つきイヤリング金具 — 1組

【作りかた】

〈ウェディングカチューシャ〉

1. イ〜ニの台紙をそれぞれ2枚ずつ貼り合わせ、土台をつくる。
2. イ〜ハの花をつくる。ⓐⓑⓔⓖは変形扇つまみ(⇒p.55)でつまむ。それぞれの土台に配置し、花の中央に花芯を飾る。
3. ニはⓙⓚⓛと花芯ⓜでばらの花(⇒p.70)をつくる。
4. 葉をつくる。ⓝは葉つまみ(⇒p.59)でつまむ。茎は金糸梅の茎(⇒p.66手順1)を参考にしてつくり、茎に葉をつける。
5. カチューシャ土台をつくる。台紙布でくるんだ台紙上と台紙下を貼り合わせる。
6. 片面に両面テープを貼ったリボンをカチューシャの端から巻きつけ、下地の色が見えないようにして、リボンの端はボンドでとめる。
7. 6に5を貼りつけ、さらに上から補強布を貼る。
8. 7のカチューシャ土台の表にレース1とレース2を貼る。カチューシャ土台の縁まわりからレースがはみ出すくらいを目安に貼るとよい。
9. イ〜ニの花と葉を8にバランスよく貼りつける。

〈イヤリング〉

1. 2枚を貼り合わせた台紙下を台紙布でくるむように貼りつけ、布端が見える側に台紙上を貼る。
2. ⓐは変形扇つまみ、ⓑは葉つまみでつまみ、1段の花と葉をつくる。
3. ⓑの葉つまみを茎用布で巻いたワイヤーに配置したら、茎にややカーブをつける。
   土台裏にイヤリング金具を貼りつけるスペースを目測し、その脇に茎を貼りつける。茎の長さが余る場合は切りとる。
4. イヤリング金具にボンドをつけ、花の台紙裏に貼りつける。もう片方も同様につくる。

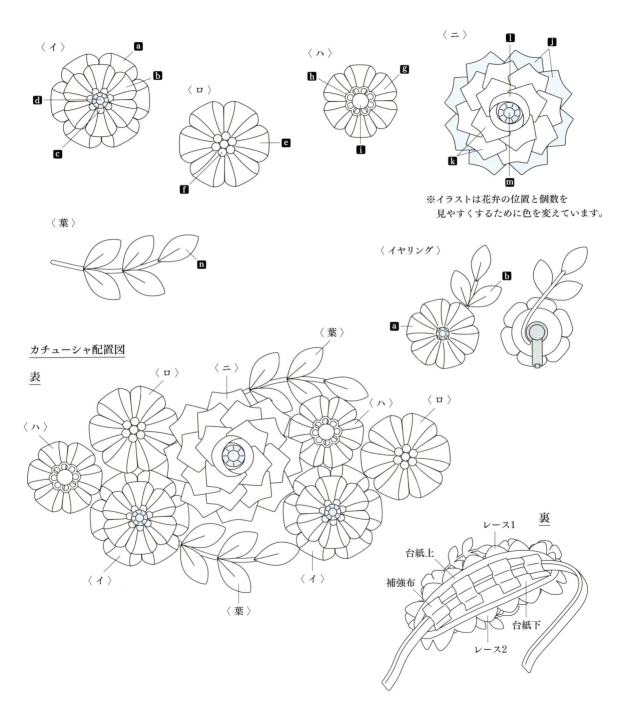

※イラストは花弁の位置と個数を見やすくするために色を変えています。

36 photo p.39
ウェディングコサージュ

仕上がりサイズ　コサージュ 11 × 15cm　〈花と葉はすべてウェディングカチューシャに同じ〉

【材料】

花〈イ〉　2輪分
- 布(羽二重/絹)
  - a 3.5cm角 — 12枚
  - b 2.5cm角 — 12枚
- ワイヤーつき丸土台
  - 台紙布 3cm角 — 2枚
  - 台紙下 直径1.9cm — 4枚
  - 台紙上 直径1.5cm — 2枚
  - 24番ワイヤー — 2本
- 花芯
  - c パールビーズ 3mm — 14個
  - d スワロフスキー 6mm — 2個
  - テグス — 適量

花〈ロ〉　2輪分
- 布(羽二重/絹)
  - e 3cm角 — 12枚
- ワイヤーつき丸土台
  - 台紙布 2.5cm角 — 2枚
  - 台紙下 直径1.5cm — 4枚
  - 台紙上 直径1.2cm — 2枚
  - 24番ワイヤー — 2本
- 花芯
  - f チェコビーズ 3mm — 14個
  - テグス — 適量

花〈ハ〉　2輪分
- 布(羽二重/絹)
  - g 2.5cm角 — 12枚
- ワイヤーつき丸土台
  - 台紙布 2cm角 — 2枚
  - 台紙下 直径1.2cm — 4枚
  - 台紙上 直径1cm — 2枚
  - 24番ワイヤー — 2本
- 花芯
  - h 座金 — 2個
  - i パールビーズ 6mm — 2個

花〈ニ〉　1輪分
- 布(羽二重/絹)
  - j 3.5cm角 — 8枚
  - k 3cm角 — 12枚
  - l 3cm角 — 2枚
- ワイヤーつき丸土台
  - 台紙布 5cm角 — 1枚
  - 台紙下 直径4.2cm — 2枚
  - 台紙上 直径3.2cm — 1枚
  - 24番ワイヤー — 1本
- 花芯
  - m スワロフスキー 8mm — 1個

葉　2本分
- 布(羽二重/絹)
  - n 3cm角 — 10枚
  - o 5cm×6cm — 2枚
  - 22番ワイヤー — 5cm×2本

糸(ポリエステル) — 適量
ブローチピン — 1個

- コサージュ土台
  - 台紙布 直径6cm — 2枚
  - 台紙下 直径4cm — 4枚
  - 台紙上 直径3.2cm — 2枚

〈イ〉

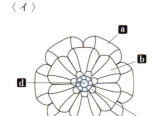

〈ロ〉

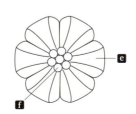

〈ハ〉

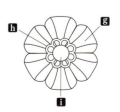

【作りかた】
1 ウェディングカチューシャの手順 *1*〜*4* の要領でイ、ロ、ハ、ニの花をつくる。
　ただし、土台はすべてワイヤーつき丸土台（⇒p.45）にする。葉の茎は上部のみ o で覆う。
2 かんざしの組みかた（⇒p.78手順 *3*〜*13*）を参考にし、花と葉をすべてひとつに組み上げる。
　イは2輪とも4cmの位置に角度をつけ、ニの土台下から2cmの位置に
　それぞれのワイヤー同士を束ねて糸を巻きつける。
3 ロの花は土台下から4cmの位置に、ハの花は3cmの位置に角度をつける。
　全体のバランスを見ながら、残りのロの花、ハの花、葉を
　1輪ずつ組み合わせながら糸で巻きとめる。
4 コサージュ土台の台紙をつくり（⇒p.51）、手順 *7*〜*11* の要領で *3* をコサージュ台紙に貼りとめる。
5 台紙の裏にブローチピンを貼りつける。

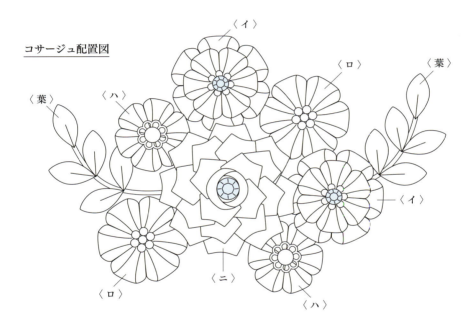

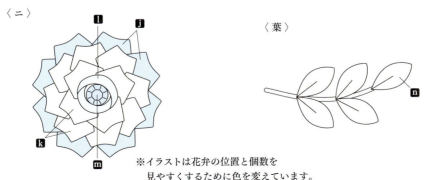

※イラストは花弁の位置と個数を
　見やすくするために色を変えています。

34 photo p.37
青い花飾り
仕上がりサイズ　A 直径10cm〈花 直径4cm〉　B・C 直径9cm〈花 直径4cm〉

【材料】
花〈A〉
- 布（羽二重／絹）※四匁
  - a 9cm角 ― 7枚
  - b 8cm角 ― 7枚
  - c 7cm角 ― 7枚
- 丸土台
  - 台紙布 直径5cm ― 1枚
  - 台紙下 直径3.8cm ― 2枚
  - 台紙上 直径3.2cm ― 1枚

花〈B・C〉
- 布（羽二重／絹）※四匁
  - d 8cm角 ― 7枚
  - e 7cm角 ― 7枚
- 丸土台
  - 台紙布 直径5cm ― 1枚
  - 台紙下 直径3.8cm ― 2枚
  - 台紙上 直径3.2cm ― 1枚

〈A・B・C 共通〉
花　こでまり
- 布（一越ちりめん／レーヨン）
  - f 1.5cm角 ― 40枚
- 小半球土台
  - スチロール製半球 直径3cm ― 1個
  - 台紙布 5cm角 ― 1枚
  - 台紙下 直径2.2cm ― 2枚
- 花芯
  - g パールビーズ4mm ― 6個

【作りかた】
◎B・Cは a を d 、b を e に置き換える。
1. a b c をすべてギャザーつまみ（⇒p.60）でつまむ。
   丸土台（⇒p.45）をつくり、a の花弁を1段目、
   b の花弁を2段目、c の花弁を3段目に配置する。
2. 小半球土台（⇒p.49）をつくり、f と花芯 g で
   こでまり（⇒p.86手順 1～4）をつくる。
3. 1 に 2 のこでまりを貼りつける。

花弁配置〈A〉

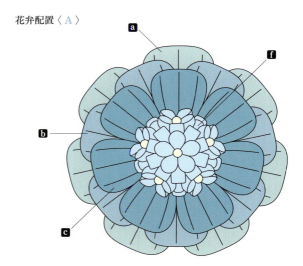

花弁配置〈B・C 共通〉

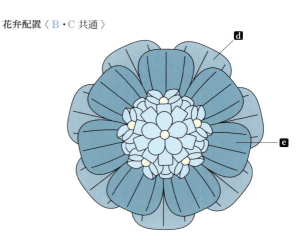

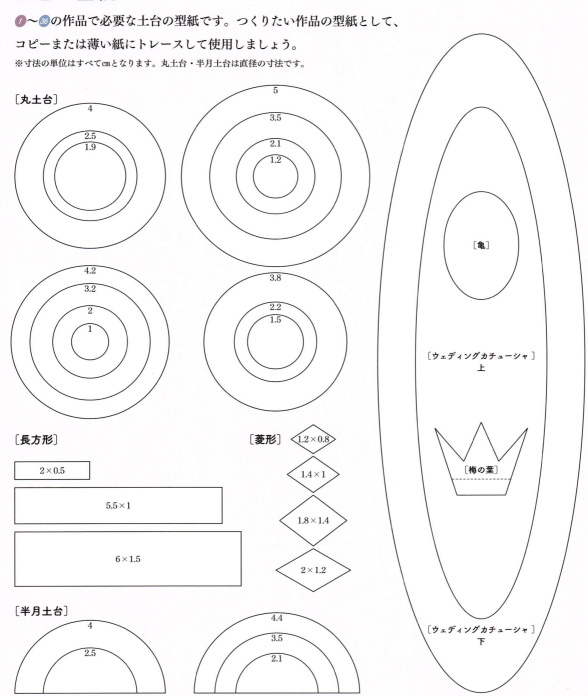

藤川しおり

つまみ細工作家、華道家元池坊正教授一級総華綱
自身で染色した絹などを素材とし、つまみ細工技法を用いた作品の制作をおこなっている。つまみ細工にふれたきっかけは、曾祖母が華道講師をする傍らつまみ細工制作をしており、祖父母が呉服店を経営していたことや、自身が9歳から華道を学んでいたことがきっかけで、幼少期よりつまみ細工装飾を目にする機会が多く興味をもち制作をはじめたため。フランス・パリで開催されたJapan Expo に出展、その他、個展、団体展多数。都内（銀座・青山）でつまみ細工教室を主宰している。
http://www.shiorifujikawa.com/

〈材料協力〉

貴和製作所 浅草橋本店
TEL：03-3863-5111　http://www.kiwaseisakujo.jp/
パーツクラブ 浅草橋駅前店
TEL：03-3863-3482　http://www.partsclub.jp/

〈撮影協力〉

CARBOOTS
TEL：03-3464-6868　www.carboots.org
AWABEES
TEL：03-5786-1600

〈Staff〉

撮影　masaco
デザイン　塙 美奈（ME&MIRACO）
スタイリング　鈴木亜希子
ヘアメイク　KOMAKI
モデル　花梨（étrenne）
イラスト・DTP　株式会社 WADE
編集協力　株式会社スリーシーズン（土屋まり子、川上靖代）

つまみ細工の小物づくり

2016年1月15日　発行

著者　　藤川しおり
発行者　佐藤龍夫
発行所　株式会社 大泉書店
　　　　〒162-0805　東京都新宿区矢来町27
　　　　TEL　03-3260-4001（代）
　　　　FAX　03-3260-4047
　　　　振替　00140-7-1742
　　　　URL　http://www.oizumishoten.co.jp/
印刷・製本 凸版印刷株式会社

本書を無断で複写（コピー・スキャン・デジタル化等）することは、著作権法上認められている場合を除き、禁じられています。
小社は、著者から複写に係わる権利の管理につき委託を受けていますので、複写される場合は、必ず小社宛にご連絡ください。
＊本書の作品を無断で複製頒布、転載することは禁じられています。
＊落丁・乱丁本は小社にてお取り替えします。
＊本書の内容についてのご質問は、ハガキまたはFAXでお願いします。

ISBN 978-4-278-05453-8　C0077　R25
© 2015 Shiori Fujikawa Printed in Japan